中央美术学院设计学科教学改革丛书
丛书主编：宋协伟 / 丛书执行主编：韩涛

Smart Cities
A Spatialised Intelligence

# 智慧城市
## 一种空间化的智能

[法] 安托万·皮肯（Antoine Picon） 著

李眹尘　韩涛　译

中国·武汉

# 图书在版编目（CIP）数据

智慧城市：一种空间化的智能 /（法）安托万·皮肯著；李昳尘，韩涛译. —武汉：华中科技大学出版社，2023.1
（中央美术学院设计学科教学改革丛书）

ISBN 978-7-5680-8764-3

Ⅰ.①智… Ⅱ.①安… ②李… ③韩… Ⅲ.①智慧城市 - 研究 Ⅳ.①F291

中国版本图书馆CIP数据核字（2022）第230500号

Smart Cities: A Spatialised Intelligence by Antoine Picon, ISBN: 978-1-119-07559-2
Copyright © 2015 John Wiley & Sons Ltd.

All Rights Reserved. Authorised translation from the English language edition published by John Wiley & Sons Limited. Responsibility for the accuracy of the translation rests solely with Huazhong University of Science & Technology Press Co., Ltd. and is not the responsibility of John Wiley & Sons Limited. No part of this book may be reproduced in any form without the written permission of the original copyright holder, John Wiley & Sons Limited. Copies of this book sold without a Wiley sticker on the cover are unauthorized and illegal.

本书简体中文版由 John Wiley & Sons Limited授权华中科技大学出版社在全球范围内出版、发行。

本书封底贴有Wiley防伪标签，无标签者不得销售。

湖北省版权局著作权合同登记 图字：17-2022-116号

## 中央美术学院设计学科教学改革丛书
丛书主编：宋协伟 / 丛书执行主编：韩涛

### 智慧城市：一种空间化的智能
ZHIHUI CHENGSHI: YIZHONG KONGJIANHUA DE ZHINENG

［法］安托万·皮肯 著
李昳尘，韩 涛 译

| 出版发行： | 华中科技大学出版社（中国·武汉） | 电话：(027)81321913 |
|---|---|---|
|  | 武汉市东湖新技术开发区华工科技园 | 邮编：430223 |

| 策划编辑：王 娜 | 美术编辑：李昳尘 |
|---|---|
| 责任编辑：王 娜 | 责任监印：朱 玢 |

| 印 | 刷：武汉精一佳印刷有限公司 |
|---|---|
| 开 | 本：710 mm×1000 mm 1/16 |
| 印 | 张：9 |
| 字 | 数：138千字 |
| 版 | 次：2023年1月 第1版 第1次印刷 |
| 定 | 价：88.00元 |

投稿邮箱：wangn@hustp.com
本书若有印装质量问题，请向出版社营销中心调换
全国免费服务热线：400-6679-118 竭诚为您服务
版权所有 侵权必究

导 读

# 托勒密化还是哥白尼革命？

## 皮肯《智慧城市》的研究意识分析

齐泽克在新版《意识形态的崇高客体》前言开篇，给出了这样一种情境：每当一个学科遭遇现实的巨大变化，就会面临这样一种选择——是在原有学科内部补充论点，对异常现象进行细密化阐释，从而消化掉现实变化，还是根本性放弃原有学科的底层逻辑，彻底转换基本框架，建构新的理论范式，解释现实变化。前者是一个"托勒密化"过程——由此传统地心说得到维护并向纵深发展；而后者是一次"哥白尼革命"——由此日心说得以建立，成为一次真正的革命[1]。

---

1 斯拉沃热·齐泽克. 意识形态的崇高客体[M]. 季广茂译. 北京：中央编译出版社，2014.

借助这两种范式比照,齐泽克对许多学科公案提出了自己的论断。比如,后工业社会、后现代社会、风险社会、信息社会的诸多"新范式"提议,仍然属于古典社会学模型及其旧范式的"托勒密化",而不是真正的"哥白尼革命",尽管提出者当时认为自己的贡献属于哥白尼革命,但之后的历史发展不断矫正着这些学说历史贡献的位置;又如,尽管弗洛伊德认为自己的发现是哥白尼革命,但齐泽克认为他的精神分析仍是古典心理学的"托勒密化";就连马克思对亚当·斯密与李嘉图的批判,也是一次"托勒密化",因为马克思的政治经济学批判,比如剩余价值理论,是在斯密与李嘉图的理论框架之内发展的,是对这个框架的内部矫正与纵深发展,而不是脱离这个框架的"另起炉灶",相对而言,马克思对黑格尔的辩证唯物主义改造,以及科学社会主义学说,才被认为是一次根本范式转型的哥白尼革命,而不是"托勒密化"。换言之,"托勒密化"本身就是一系列连续的变化、持续的改良、不断的矫正,以及由此形成的累积。学科发展的大部分时间都处于这种状态,只有在真正的断裂点到来之时,原有的学说的存在前提受到根本性质疑的时候,才有可能出现哥白尼革命。那么,基于齐泽克的启示,面对21世纪数字技术引发的剧烈社会变化,我们要问的是:2008年以来涌现的"智慧城市"概念,到底是一次"托勒密化"过程,还是一次哥白尼革命?

针对这个问题,国际著名城市技术史专家与建筑理论学者安托万·皮肯,一位拥有三种教育背景的法国工程师、建筑师、历史学家[2],在2015年出版的《智慧城市:一种空间化的智能》(以下简称《智慧城市》)中,给出了系统的、深刻的回答。贯彻皮肯研究始终的核心任务,就是研判当前智慧城市的性质,看它属于"托勒密化"过程还是哥白尼革命。如果属于前者,皮肯的研究焦点应该是论述智慧城市与之前城市性质的连续性脉络逻辑;如果属于后者,皮肯的研究就应提醒我们看清当前城市性质的底层逻辑发生了何种变化,在哪些层面发生了与之前城市逻辑的根本性的断裂。

---

2 Antoine(Maurice Joseph Charles)Picon(生于1957年3月8日)是20世纪/21世纪法国建筑和技术史教授,哈佛设计研究生院博士项目(博士和DDes)联合主任,教授建筑和技术的历史和理论课程。他是凡尔赛国立建筑学院科学委员会成员,1979年毕业于埃科尔理工学院,1981年毕业于埃科尔国立桥梁与路面学院,1984年成为DPLG建筑师,1991年获得社会科学高级研究学院历史博士学位。总体上说,科学思维与人文思维构成皮肯历史理论的两面,本书是皮肯一个15年长周期城市技术史研究的最后一部分。

本文意图以此为问题线索，通过对《智慧城市》绪论的文本细读，一方面关注皮肯究竟写了什么，一方面分析皮肯为什么这样写，从而探讨皮肯的三种研究意识，以此作为全书的导读。第一种是皮肯的历史意识，即厘清皮肯如何以大历史观，指出智慧城市作为一种新的城市理想历史性地登场；第二种是皮肯的后主体意识，即从人类与非人类的多元融合视角，清晰界定智慧城市的智能本体；第三种是皮肯的结构意识，即将智慧城市放在三重关系中，进行框架性的思考。皮肯对当代智慧城市到底属于"托勒密化"过程还是哥白尼革命的论断，就体现在对这三种意识的具体分析中。

## ● 论断：皮肯的历史意识

从大历史观开场，是阅读皮肯论著的第一印象。实际上，体会一个学者如何让一个核心概念出场，并使其贯彻始终，是把握一部论著主旨的关键。皮肯的历史意识与主要观点，在《智慧城市》前言第一段第一句就得到了鲜明的概括与凝炼：当前"我们的城市正处在一场激进变革的边缘"，这场变革主要发生在智能领域，其"规模堪比当年带来工业化的革命"，且"智慧城市随时准备取代工业时代典型的网状结构城市"。显然，这是一个建基于大历史观视野上的对比，一个百年未有之大变局式的论断，而不是一次"托勒密化"的表述。事实上，这种基于"城市"根本概念的探讨，贯彻了皮肯写作的各个层次。工业革命形成的网状城市，越是激进地改变了农业时代的城市，越是成为资本主义历史进程中的核心模式，数字革命推动的智慧城市的崛起，就越是具有革命性，越是成为今天的主导模型。对皮肯而言，越是与工业城市建立高段位的对比关系，越是能够显现智慧城市在历史谱系中的重要位置。皮肯明确地绕过了形成于20世纪60年代至80年代的信息技术与后现代城市，潜在地认为它们是工业技术与工业城市的"托勒密化"，而数字技术与智慧城市才是哥白尼革命。对皮肯而言，这绝非一个科幻小说式的预言，而是长期思考后的判断。

对于如何理解数字技术与数字文化对当代世界性质的改变，即到底是"托勒密化"还是"哥白尼革命"，皮肯早在2004年的一篇文章中就开始了严肃的讨论。他借用法国人类学家马克·奥吉再次重申的一个根本问题："我们到底是活在后–现代性中，还是活在超–现代性中？"³如果是前者，则意味着我们正在经历现代性之后的一个时期，如果是后者，则意味着我们正在经历新一轮强度更高的现代性进程。结合对当代数字文化性质的讨论，皮肯在文章中将这个根本问题具体化为："数字文化在本质上是否真的不同于已经成熟的现代主义工业文化？计算机真的引领我们来到了全新的世界，还是只是单纯地在延续一个至少从19世纪末起就已经开始运作的强交流的过程？"对此，皮肯深刻地指出，"我们所熟知的所谓信息社会，其实源自政府和大公司分别用来管理社会政策和客户而开发的大规模文档记录技术。"⁴换言之，信息社会在20世纪60年代与70年代的兴起，信息技术的密集使用，不是一次根本性的改变，只是资本主义生产方式升级的一个阶段，是资本主义管理术不断发展的结果，是20世纪初资本主义泰勒制管理术及战争催生的控制论技术的延续性发展，是一次叠加式的改进。20世纪70年代，符号信息与通信技术的加强是智慧城市出现的前提条件，但仍是一个过渡阶段。信息技术仍是基于光电模拟逻辑，虽然大规模扩张了对现实世界的符号再现，但仍是符号、物体两张皮，无法与现实世界深度融合。就像文丘里在拉斯维加斯大街上观察到的，现实商业主街仅仅是广告牌与建筑物的并置，大量激增的信息与符号仍需要物质载体。

只有数字技术到来之后，符号、信息、通信技术实现了最充分的非物质化无缝连接与平滑交换，比特彻底取代了原子，透明的、叠加式的电子皮肤才实现了对整个物质城市的笼罩，才实现了资本主义城市生产机器的根本升级。换言之，只有数字信息与数字通信技术的广泛应用，才能支撑智慧城市的到来。当数字工业技术引发的底层逻辑的格式化，使得数据取代了信息，在各个层面加密、加速了社会进程后，信息与通信技术已经渗透到经济生活

---

3 [法]安托万·皮肯著, 罗旋, 安太然译. 周渐佳校. 建筑学的幽灵 建筑计划及其规范化[J]. 时代建筑, 2016 (3)：165.
4 [法]安托万·皮肯著, 罗旋, 安太然译. 周渐佳校. 建筑学的幽灵 建筑计划及其规范化[J]. 时代建筑, 2016 (3)：165.

的方方面面，量变引起了质变，即超现代性，而非后现代性，这才是我们现在的命运。超现代性意味着，今天，不存在一个地方，不存在一个时刻，可以逃离数字技术的技术矩阵监控、计算与管理，"我们似乎正遭遇某种通信的超级政权"[5]的治理，以至于全球技术基础设施布局已经成为大国政治竞争的核心。皮肯正是在这种历史意识下，才得出"智慧城市的崛起是一场真正的革命"这样的论断。

## • 视角：皮肯的后主体意识

在完成对智慧城市的性质论断后，皮肯就要面对视角的问题。在完成对已有智慧城市定义分类及异同评述后，皮肯提出了自己研究智慧城市的"后主体"视角——不再局限于人类中心主体，而是立足于以人类主体与机器、传感器、数据为代表的非人类主体的混合。后主体就是一种主体与非主体的混合。在"后主体"意识关照下，皮肯激进地超出了人类中心主义的传统领域，进入了后人类主义的范畴。这种混合了人类主体与非人类主体的"后主体"的转变，显然不是一个"托勒密化"进程，而是一次哥白尼革命。

针对现有智慧城市的定义，皮肯首先确定它们大都位于两个极限之间，一方是硬件层面——资本主义城市的基础设施的数字技术优化与功能优化，另一方是软件层面——各类服务与管理的优化、知识生产的促进与生活质量的提升。皮肯接下来指出，虽然存在不同理解，但是在实现路径层面，有三个维度是共通性的：一是技术视角的，即信息与通信技术的深度应用；二是环境视角的，即生态底线监测与环境质量优化；三是社会视角的，即智慧城市已经将全体社会成员纳入数据节点的顶层规划系统。正是社会视角带来了激进人类学与政治学的改变，并进一步带来了权力治理术的改变，既有自上而下的管理主义视角，也有自下而上的民主化视角。总而言之，皮肯对既有

---

5 [法]安托万·皮肯著，罗旋，安太然译. 周渐佳校. 建筑学的幽灵 建筑计划及其规范化[J]. 时代建筑, 2016 (3)：165.

视角进行了高度概括的分类，并未进行细节层面的评述。皮肯很清楚，他只能在特定角度作出自己的贡献。换言之，面对边界模糊、无所不包的智慧城市议题，选择一个聚焦的、狭义的视角，而非一个扩散的、广义的视角，异常重要。只有从一个独特的、有边界的视角切入，才有利于深入思考，才能获得对这个议题的深刻洞见。最终，完成多种视角的对整体面貌的勾勒后，皮肯结合自身学科背景，抛出了自己的两个独特视角：一是"智能"，一是"空间化"。皮肯的"后主体"意识，正体现于对"空间化智能"的阐释中。

皮肯对智能的范围界定并非局限在传统人类视域之间，而是在人类、非人类等扩展的多重实体之间。其根本原因是，作为智能基础的信息回路不只是在人类之间传递，随着电子感应器海量般地附着在一切物体之中，人类与非人类都成了信息与通信节点，即一种数码物。人类对信息的独占与分析优势立刻塌陷，在大多情况下，数码物比人类拥有更为高速与强大的信息处理能力。实际上，20世纪80年代的后人类主义思想、小说及大众产品，早就将后主体倾向的智能系统推向了社会媒介空间，它的当代表征就是万物互联形成的数个子系统的集合——所有生命物质与非生命物质在各种层面复杂交互，无一例外。皮肯的"后主体"视角贡献在于跨学科整合，从技术史角度清理了传统城市研究的过度人文主义倾向，吸收了当代技术哲学、算法数学、生物技术、机器人制造等前沿领域对智能的广泛讨论，至少从三个层面对"空间化智能"的"后主体"视角做了界定。

第一个层面之于技术，涉及整体智能与局部智能的关系。对于如何理解总体系统与局部子系统之间的关系，皮肯借助卢梭的"普遍意志"与莱布尼茨的"单子"，给出了一种哲学视角的理解。前者意味着，后主体智能通过抽象通约机制（比如互联网世界中的信息交换协议），扩展到一切领域，成为无限大的整体系统。在这一点上，数字世界内在标准化连接法则，代表了对启蒙抽象理性机制的潜在继承；后者意味着，即使是无限小的局部，内部本身也是一个复杂的、极具包容力的系统，甚至可以反向包裹整个外部系统。博尔赫斯小说中的三厘米玻璃球"阿莱夫"，就是莱布尼茨单子概念的一个准确比喻。虽然它只有三厘米，却包含了所有的宇宙与所有的变化，就像在一个6平方米的小屋中，借助一台联网的计算机，也可以探索整个世界系统。借助两个哲学家的概念并置，皮肯抛弃了对智能的机械论理解，提出了一个尺度上无限巨大，层级上无限丰富与复杂，可以大小互嵌、互相包含的复杂意象。

第二个层面之于未来，涉及机器智能与人类智能的关系。由于机器智能的推理与学习能力在最近十年急速发展，引发了人们对机器智能是否会取代人类智能的担心。皮肯并未对此展开分析，只是通过对库兹韦尔等技术进步论、技术乌托邦、技术无政府主义者观点的批判，初步表明了自己的立场：既不是漠视智能技术系统的自我演化发展能力，也不是简单地以科幻小说预言宣告一个令人震撼的惊悚未来。皮肯克制地保持了与大众流行技术论者之间的距离。

第三层面之于空间，涉及集中智能与分散智能的关系。皮肯反对早期科幻电影对集中式终端智能的描绘，相反，他认为由于电子芯片的广泛扩散，智能是直接分布于整个城市空间之中的，即分布于城市的基础设施、街道与建筑物中，分布于所有居民的电子设备中，分布于所有运动的物体中，形成了一个实时的活动地图。皮肯认为数字技术极大地恢复了空间的重要性，比如地理定位与增强现实，使得普适计算与环境计算成为可能。虽然数字技术现阶段并未改变城市的物理结构，但皮肯认为城市形态必将改变，至少，在地理信息系统等城市图绘方面已经获得惊人发展，这很可能是"一场更为激进的革命的前奏"。

总而言之，"空间化智能"构成了皮肯研究智慧城市的激进后主体视角。这不但支撑了皮肯将智慧城市作为一个哥白尼革命的历史论断，而且对今天的城市研究范式转向提供了一个有洞见的透镜。在皮肯看来，伴随数字时代的兴起，新的主体形式将成为学者们认真对待的重点。这是一个研究范式领域内的"哥白尼革命"，是一个新研究框架的建构，而不是"托勒密化"发展。

皮肯的后主体研究视角至少有以下三个启示。首先，后主体智慧城市意味着城市的主体已经不再是人类，而是人类与非人类共同形成的匿名性技术系统，意味着所有人类与非人类主体的集体进化，越来越快与无法预料的进化。就像2007年小说《意外的时间机器》呈现的，一个无所不在的人工智能统治着当代城市，"它可以同时出现在无数个地方"，换言之，后主体智慧城市呈现了人类与城市之间越来越紧密的实时互动与同时形塑，它不是机器智能的单一增长，而是"城市、基础设施和市民之间数百万次互动产生的结果"。在这个时期，个体与集体不再是生物学意义的实体，而是实时运作的数据–生物模型系统，随时可被分析的赛博格单元与计算对象，随时可被分类与编码的动态集合。后主体智慧城市已经成为一个社会算法系统，将所有个体及其生成的社会关系吸收到数据基础设施的治理范围。其次，后主体智慧城市是资本塑造的结果，是资本自主运动的内在需要。后主体智慧城市可被理解为资本为了未来持续积累，为了可持续发展的战略需求，对现有环境资源进行精确控制与精细化管理的一种实践。后主体智慧城市是资本主义现代化进程发展中，技术基础设施不断升级的必然产物，而不是一种后现代风格选择，我们只要看一看它的主动推动者，IBM、思科、西门子这样的全球化公司，就能理解后主体智慧城市实际上是资本主义技术商品化与市场逻辑的结果；它的英文意为"聪明"，实际上是用中性泛科学术语掩盖了它的利润制造本质，最大化降低了垄断技术全球扩张时所可能遭遇的地方抵抗力。考虑到2010年后全球资本过剩的现实，它也可被理解为资本寻找新的投资点的需要——资本主义的发展总是要对基础设施持续投资，通过数字技术与物理技术的孪生，实现对资本积累空间的增容。在这种逻辑下，后主体智慧城市是资本主义发展从外爆转向内爆的必然逻辑呈现。最后，后主体智慧城市也是数字技术塑造的虚拟世界向现实世界不断自我投射、自我实现的结果。当代数字技术使计算能力渗透到一切事物的感知化、芯片化与物联网化进程之中，使现实城市成为虚拟数字世界的实时生成。日益增长的电子芯片、传感器与人类活动信息塑造的城市电子皮肤，形成了一个可视与隐蔽共存，室内与室外交织，从太空、地表到地下的巨大的联动的"堆栈"，成为渗透到各级空间表面的激进治理术基地。后主体智慧城市正无情地将自己转变为一个急速膨胀的信息系统，膨胀到远远超出人类所能掌控的程度，形成了一个技术系统的耦合，一个系统的系统。这个系统已经成为当代社会实际上的垄断力量，就像创世神话的显现——无处不在，同时无迹可寻。就像马克·威瑟所说的："最深邃的技术是那些隐身的技术。它们将自身编织进日常生活的肌理中，直至与之难以区分。"后主体智慧城市不过是大他者注视之下全体生活表象的透明化，也是后台控制本质的非透明化，它是传统父权结构的回归，但表现为全社会范围的女性情绪。这就是皮肯从后主体视角研究智慧城市的原因。

## • 框架：皮肯的结构意识

在这个导读的最后，我们将简略介绍一下皮肯对全书内容框架的设计。这涉及皮肯的结构意识，但这个意识不再是哥白尼革命，而是一次高质量"托勒密化"知识生产实践。

在前言及其目录中，皮肯对研究内容做了一个非常精巧的结构框架设计，一面是建构的，一面是解构的。建构的部分体现在正文的第一章、第二章和第三章中，皮肯做了三种轴线的结构设计，分别如下。

第一章是横轴的技术分析，通过长周期的历史分析，关注智慧城市如何到来。皮肯从诸多层面比较了19世纪的网状城市与21世纪的数字城市的根本差异，它可被理解为工业时代的城市物理基础设施获得电子皮肤与感知能力，使得物质性与非物质性双向互嵌、同时叠加的优化过程。这一方面使当代城市成为有机体特征的可感知、可感受的城市，另一方面使工业时代的科学流程管理转变为数字时代全周期、全范围的瞬间事件管理。第二章是纵轴的权力分析，接续上一章的结果，以事件分析为基础，关注智慧城市引发的新控制论与广泛数字个体的社会协作之争。管理主义视角下智慧城市的总体立场是自上而下的，更加倚重技术官僚对城市有机体的总体控制。与之不同，民主化视角的智慧城市的总体立场是自下而上的，更加警惕无止境地依赖技术治理，限制国家、政府与大资本可能带来的极端社会监控，警惕自由的彻底消失，更加强调个体之间的协作活力与共建机制。第三章作为域轴的空间分析，主要关注地图映射与可视化的边界分配问题。皮肯指出广泛增长的城市地图映射是技术、权力与空间问题的汇聚点，只有观察下游、上游、中间三个层次才能理解其机制。下游是开放地图终端数据，其内容是向日常生活的各个维度不断渗透，并与广泛的数字个体连接，其本质是现代性公民权利的不断扩大过程；上游则是原始信息转化为数据时所要经过的格式化与编码过程，其本质是一种对现代性工具的理性运作与操控，也是一种基于抽象逻辑的深层简化过程，科学工程师与政策制定者正是在这个环节把现代社会治理术的代码与底层逻辑写入其中；在上游与下游之间的，是数字基础设施平台的建构（既包含硬件，也包含软件），表现为一种科学过程与持续的技术升级，一种永远的测试版与迭代进化的规程。总体上说，当代数字城市地图映射生产机制，已经不再依据前现代传统的象征逻辑，也不是早期现代民族国家的政治理性规划，而是以看似中性的匿名性技术系统的建构为表征，以现代治理术的计算性操作为内涵。今天的数字地图正是以中性科学技术系统为表征，实现了对前现代象征与早期现代国家治理术的吸收，同时还实现了对当代社会最细微的生命政治管理。

解构的部分则体现在最后的结语中，作为批判环节，皮肯给出了四个维度的反思，分别是：关于技术后果批判的"纯数字解决方案的缺点"；关于单一路径批判的"必要的多样化设想"；关于社会伦理批判的"公共与私密"；关于历史虚无主义批判的"从事件到历史"。总体而言，皮肯的建构环节及其章节逻辑就像"建塔"，具有非常几何化的结构框架意识，而皮肯的解构环节及其批判话语就像"破窗"，针对现有城市问题要害呈现出散点式爆破的意识。将整体性的、系统性的、几何化的建塔意识与局部性的、针灸式的、散点式的破窗意识相结合，呈现出皮肯高超的结构把控能力。实际上，皮肯的内容框架与结构意识不但体现在整体布局上，也体现在各个章节之中，从而体现出深厚的、周正的、不断深化的"托勒密化"学术能力。如果说结构框架坚实地支撑了后主体研究范式转向，那么后主体研究范式则有力地支撑了皮肯对智慧城市的激进历史判断——它们是皮肯不可分割的三种研究意识。

韩涛　李眛尘<br>2022年12月6日

# 目 录

**前　言　一个新的城市理想　　001**
　　　　　空间化的智能　　　　　004
　　　　　技术、空间和政治　　　007

**第 1 章　智慧城市的到来：从流量管理转向事件控制　015**
　　　　　定义智慧城市　　　　　　　　　016
　　　　　自我实现的虚构　　　　　　　　022
　　　　　有感知的城市和可被感知的城市　027
　　　　　海量数据　　　　　　　　　　　035
　　　　　发生了什么　　　　　　　　　　039

**第 2 章　双城记　　051**
　　　　　新控制论的诱惑　　　　053
　　　　　赛博格城市的设想　　　061
　　　　　自发的城市、协作的城市　065
　　　　　数字个体　　　　　　　071

**第 3 章　城市智能、空间与地图　083**
　　增强现实与地理定位　084
　　迈向三维城市生活　087
　　与基础设施的新关系　094
　　利害关系陈述　098
　　新的美学　106
　　数字时代的公共生活实验室　107

**结　论　智能的挑战　113**
　　全数字解决方案的局限性　114
　　场景多样化的必要性　116
　　公共/私人　119
　　从事件到历史　120

参考文献　123
图片出处说明　127

IBM（国际商业机器公司），关于"建设智慧城市和智慧国家"的信息图表，2013年

IBM在智慧城市理想的兴起中扮演了重要的角色。这个信息图表说明了IBM与波士顿市和马萨诸塞州合作开展的一系列项目。它体现了智慧城市的一些关键要素，如更好地管理城市基础设施和追求更高的环境效率。

# 前 言

# 一个新的城市理想

我们的城市正处在一场激进变革的边缘，且这场智能领域的革命，其规模堪比当年带来工业化的革命。在数字技术的推动下，智慧城市随时准备取代工业时代典型的网状结构城市，工业时代的城市的成功建立在硬件基础设施（从道路、供水到卫生系统）之上，智慧城市则不仅是技术优化，也是一项社会性和政治性的工程。"智慧城市"一词，最早于2005年左右被提出，以描述信息和通信技术作用于城市的一系列新用途，并被广泛用于大众媒体、专业文献、企业（如IBM、思科）话语和从政者口中。一个新的城市理想就此诞生；而本书亦是为此而生。

这一新的城市理想的力量虽与日俱增，但一些问题始终未被解决：正在发生的变化在确切性质上存有重大歧义。下文要讨论的，正是智慧城市现今流行的诸种不同定义。值得注意的是，这些定义似乎都介于两个极端之间：一方是有限的意义，强调主要利用数字工具进行城市功能方面的优化，特别是基础设施方面；另一方则是更广阔的愿景，不仅包括设施和服务的管理优化，还包括促进生产和知识的交流——通过更智能的生活来提高生活质量。

在明显的多样性下，尽管存在上述分歧，但在通往智慧城市的道路上还是有几个方面趋于一致。第一个方面是对信息和通信技术的高度战略特性的考量：在提升城市日常管理的同时，有助于材料和能源方面更经济，简而言之，城市会更生态化。这也涉及了第二个方面：对可持续发展的共同需要。如果城市地区像今天这样继续加剧环境恶化，我们还能称其为智慧城市吗？同样，第三个方面是对人为因素重要性的普遍共识：不论人

**巴塞罗那以圣家堂为中心的城市鸟瞰图，2020年**

智慧城市理念是巴塞罗那城市战略的重要组成部分。通过创建一个园区，将参与城市技术创新的企业、大学和其他参与者聚集在一起，从而复兴一个曾经的工业区。

智慧城市：一种空间化的智能

们对智慧城市的定义如何，都需要新型的个体和集体的行为。如果人们不能够根据自身提供的信息对自身行为建模，智慧城市的传感器、微芯片和显示屏只能产生有限的影响。与那些不太了解状况的批评观点相反，即使是从智慧城市最狭隘的意义上来说，迫在眉睫的新城市革命也不可能被归结为仅仅是为城市装配数字工具的计划。它与人类学、社会学及最终的政治学有内在的联系。

　　今天出现的两类政治项目似乎呼应了对智慧城市概念管理愿景和更广泛理解之间的对立。第一类项目侧重于对城市有机体的控制，与1950年至1970年对复杂系统运行的控制论研究并无不同。这种导向无意识地带有技术官僚主义倾向风险。而第二类项目正是为了避免这种风险——城市需要更多个体间的主动合作而非自上而下的协调。是接受带有技术官僚色彩的新控制论的启发，还是承认与信息和通信技术传播相关的民主化新视角？接下来的章节将对两者间的矛盾进行更详细的研究，并尝试克服。因为在某些条件下，两方观点可以互为补充而非相互冲突。当智慧城市发展成熟时，它的特点将是提高对其一些关键方面（比如城市基础设施功能）的控制，以及使居住在城市中的个体与群体提升创造潜力。

**智能手机界面**

　　从高度工业化国家到发展中国家，智慧城市从根本上讲都是与人有关的。这就解释了手机，尤其是智能手机在智慧城市崛起过程中所扮演的重要角色。

## • 空间化的智能

在当前大量的理论尝试中,本书有两个独到之处。首先,本书对"智慧城市"的表达将比通常情况下的定义更为字面化。与其设想一个这样的城市——信息和通信的回路只是简单扩张,智能只存于利用这些手段沟通的男女中,不如设想一下非人类形式的推论甚至意识本身渐进的发展。在这种发展的最后阶段,一种新的看待城市智能的方式早已经被运用于算法、人工智能、自动化及有机体和机械间赛博格(cyborg-type)装配的最新研究中。它建立于多重实体(人类、非人类,通常是两者的混合体)相互作用和互相构成的认知和思考基础上,整个城市可以以一种全新的方式被认为是智能的。在这个更大、更综合的智慧核心中,不同的实体既是部分自治的利益相关者,又是构成城市总体智能体系的子系统。让·雅克·卢梭(Jean-Jacques Rousseau)著名的"普遍意志"(以《社会契

iCub机器人,一种研究级仿人机器人,旨在帮助开发和测试嵌入式人工智能算法,2021年

iCub的设计就像一个婴儿,通过iCub像孩子一样学习来探索人类的认知是如何发展的。这项研究是机器人和人工智能领域快速进步的一个典型代表。

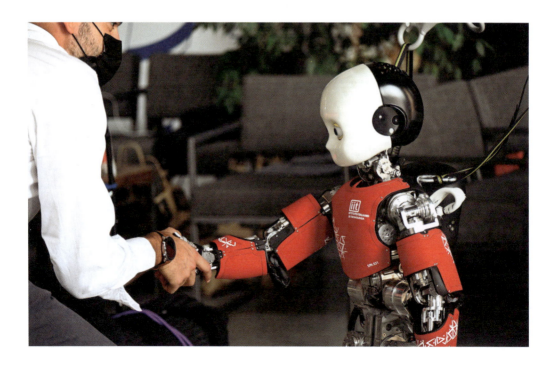

约论》(*Of the Social Contract*) 或《政治原则》(*Principles of Political Right*, 1762) 为基础) 将变得更加具体。[1] 对于那些倾向于接受莱布尼茨 (Gottfried Wilhelm Leibniz) 理论而非卢梭理论的人来说,也可以将这些实体看作某种单子: 由整体支撑的具体,城市包含了所有这些具体实体,而这些具体实体中的每一个都维持着自身的整体性。[2]

这些设想是科幻小说吗?当然是,但又不会陷入技术进步到最终用机器智能取代人类智能的境地(这正是雷·库兹韦尔 (Ray Kurzweil) 孜孜不倦宣扬的"奇点"(singularity),库兹韦尔是"后人类"(post-human) 境况主要预言者之一),但我们很难不被周围的机器和系统所展示出的极速发展的感知和推理能力震惊。[3] 智慧城市也是科幻虚构吗?毫无疑问是,但是,正如我们将看到的,有关智慧城市的描述具有高度自我实现的特征,也就是说智慧城市创造了使智能可行的条件,就像某些政治上或经济上的预测通过使它们向可行方向偏移而影响投票动态或市场行为一样。

智能不应被视为主要存在于中央处理单元或专业服务器的内存中,不该像斯坦利·库布里克 (Stanley Kubrick) 在《2001: 太空漫游》(*2001: A Space Odyssey*, 1968) 中描绘的超级计算机HAL 9000那样。相反,智能应该被设想为直接分布于整个城市中,存在于基础设施、街道和建筑物已经安装好的传感器和芯片中,存在于属于居民的大量电子设备中。得益于信息和通信技术,智慧城市是一个在数百万个点上被激活的城市。由于它是分散的,遵循街道建筑网络的地形,以及车辆和居民的移动,生成一张城市实时活动地图,所以,智慧城市的智能具有深刻的空间性。

而本书的第二个独到之处正是源自对空间维度的关注。这可能看起来很矛盾,因为信息技术的发展长久以来一直与某种空间的崩溃联系在一起。当塞缪尔·莫尔斯 (Samuel Morse) 于19世纪中期开发出电报系统,人们为他们所认为的智能战胜了距离的决定性胜利而欢呼。[4] 同样的

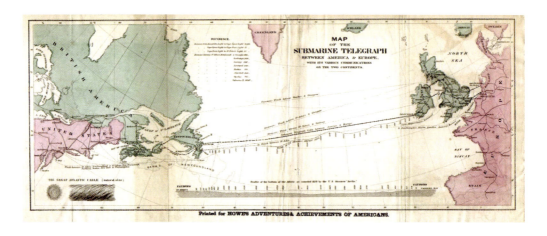

亨利·豪（Henry Howe），《美洲与欧洲之间的海底电报地图》，1858年

空间的崩溃是工业时代经久不衰的神话之一。19世纪中期电报的出现被认为已经消除了距离，在互联网发展的早期阶段也有人说过同样的话。但现在我们开始意识到，正在发生的实际是物理空间和电子空间的混合。

论调后来出现在人们开始使用电话、收音机、电视，以及互联网时。如今已经成熟的数字技术已经恢复了空间的重要性。这些数字技术通常涉及地理定位，即实时了解大量静止或移动物体位置的能力。

数字技术通过丰富的三维空间和与之关联的电子内容来增强物理现实。地理定位和增强现实是"回归空间"或"空间转向"（spatial turn）（"空间转向"是城市地理学家爱德华·索贾在谈到最近的社会科学发展时创造的一种表达方式）的两个基本维度。[5] 由于电子接口的倍增和无线通信的普及，数字技术在空间上的转变得到加强，普适计算或环境计算成为可能。正是这些演进构成了智慧城市建设的基础。

在此，第二个矛盾之处出现了：数字技术在空间上的转变构成了智慧城市建设的基础，但数字技术并未改变城市的物理结构。一切都在继续，仿佛这座城市正在逐渐活跃，但暂时没有身体上的变化。但这一过程显然很快会伴随着形态上的转变，一些先兆迹象也支持这一假设。本书的目标之一也正是提升城市规划学家和建筑师以及任何对建成区域的未来感兴趣的人的认知：城市智能的空间质量（spatial quality）围绕其进行转变的问题将不可避免。

智慧城市：一种空间化的智能　　　　　　　　　　　　　006

尽管城市的形态还没有发生改变，但城市的映射（mapping）已经历了一系列快速又惊人的改变。地理信息系统（GIS）的传播远非这一现象的唯一表现形式。由集体制作的数字地图（如开放街道地图或在移动电话和平板电脑上使用的地图）很可能是一场更为激进革命的前奏，这场革命涉及城市表现及城市和市民间的关系。地图似乎是表达城市新兴智能的首选方式，这也是在本书后文对其进行详细探讨的原因。

## • 技术、空间和政治

本书对前述问题的解决以论证的形式展开，论证的范围从对诸多城市在面对空间化智能出现时已经历的转变的调查，到以此为基础对这一进程的社会和政治影响的讨论。而正是由于城市是超越单一民族国家建立在人类与非人类联合基础上的新型社交和集体行动的大熔炉，所以这一社会和政治层面的探讨显得异常重要。

本书第1章将致力于讨论智慧城市的概念，以及与之相关的诸多有自我实现特征的叙述。这些叙述的背后正是当前最引人注目的成就，比如在基础设施和流程管理方面，依赖于传感器和芯片的普及，使得对城市动态（实时动态）的追踪成为可能。而数字技术的使用也使得城市空间如同有机体一般变得更为敏感，越来越容易受事件和情境的影响。这一过程使人联想到法国启蒙运动哲学家埃蒂耶纳·博诺·德·孔狄亚克（Étienne Bonnot de Condillac）在《感觉论》（*Traité des sensations*, 1754）一书中提到的雕像的故事。最初被剥夺五感的雕像而后重获了嗅觉、听觉、味觉、视觉及最后的触觉，正如它逐渐获得对周遭世界和自身的认知一样。得益于数字技术，这座城市似乎正走上相同的道路。敏感的城市正是以达成感官满足为战略，以提升被受过教育的城市人口对城市的忠诚度。诸如理查德·佛罗里达（Richard Florida）和爱德华·格雷泽（Edward Glaeser）等作者，将这

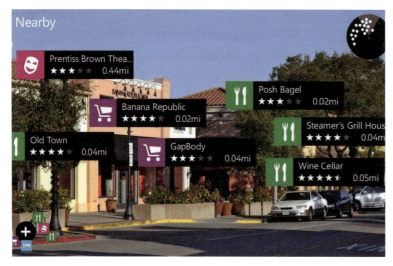

诺基亚Lumia智能手机增强现实应用"诺基亚城市镜头"截图，2013年

该应用程序使用手机的取景器和诺基亚的地图映射平台来提供附近商店、咖啡馆和餐馆的相关信息。智能手机在增强现实技术的发展中起到了重要作用。

一战略归纳在新"知识经济"的原则范畴内。他们认为新的"知识经济"应当取代旧的工业经济，尽管这种取代还没有被证实是普遍适用的。[6]

无论是有感知能力的还是愉悦感官的，智慧城市的基础都是对数百万基本事件的识别（从个人水电消耗评估到对道路网络上特定热点地区的机动车流量记录，再到大气污染测量）。而这些基本事件又常被放在一起以生成更具生产力的统计数据，并以地图或表格形式在电脑屏幕上呈现。城市以事件为基础（event-based）的特征被这些基本事件所强化，似乎城市正是由城市中所发生的一切组成的。源于19世纪的网状结构城市几乎完全建立于流程管理的基础上，智慧城市却能承诺掌控一切事件、情况和场景。

以观察为起点，本书第2章展示了如何利用事件的发生（occurrence）、事件的结果（event）以及导致的事件情境（situation）和场景建构（scenarios constructed）来对城市进行解读。\* 这些解读支撑

---

\* occurrence、event和situation都有事件的意味，为了区别这三个词对事件本身的不同侧重，译者将这三个词分别译作：事件发生（occurrence）、事件结果（event）、事件情境（situation）。另，event在未与其他两个词同用时，将使用通常的"事件"进行翻译。下不赘述。——译者注

了控制城市有机体计划中的数字平台方案,也促进了思科、IBM和西门子等公司的发展。而这样的项目似乎又与驾驭整个20世纪50年代和60年代推动控制论的复杂系统的欲望有关。在智慧城市领域,我们确实目睹了受新控制论(neocybernetics)启发的项目的出现,而这些项目正是基于对信息及行为分级控制的愿望产生的。对新城市理想的此种解读,极易因技术官僚倾向而受批评。与之形成鲜明对比的是一种更具参与性的愿望,就像维基百科一样建立在自由合作的基础上。是自上而下的城市还是自下而上的城市?是受新控制论启发的城市还是协作的城市?城市的未来智能将存在于这两组对立方式的并立中,尤其是存在于并存所引发的互动中。可以注意到的是,在技术官僚论激发的控制和自由应答的合作之间,存在着一系列的中介机构。比如以脸书(Facebook)为首的社交媒体,既遵循着极不民主的一般性操作规定,又诉诸依赖个人及其通过集群行为进行自身调节的控制形式。

本书的最后一章从地理定位和增强现实入手,更深入地探讨城市智能的空间化特征。与数字技术对城市形态似乎未有影响所形成鲜明对比的是,城市智能空间化的特征可以使人们更好地理解地图绘制所扮演的关键角色,而这一蓬勃发展的领域又反映出控制与合作之间的张力。尽管地图所使用的大量素材是地理定位和增强现实技术所提供的虚拟资源,但它仍旧是获取信息的良好途径之一,尤其是在涉及越来越多的大数据的当下。麻省理工学院(MIT)的感知城市实验室(SENSEable City Lab)专门研究诸如手机运营商收集的海量数据的制图处理方法。[7] 在许多情况下,地图绘制都显示出了向公众透露的信息和为专家、政治领导人所保留的信息之间的分界线。这一点符合法国哲学家雅克·朗西埃(Jacques Rancière)的"可感性分配","不证自明的感知事实系统同时揭示了共同的存在以及界定其中不同的部分和位置的界限"。[8] 数字技术的兴起和智慧城市的出现并非绝对意义上的可见,只有部分信息可供所有人查阅,其他数据则只有具有特定的资格或特定职位的人才有权访问。因此,能见度(visibility)也就成为一个社会性和政治性的问题。对特定数据或公开

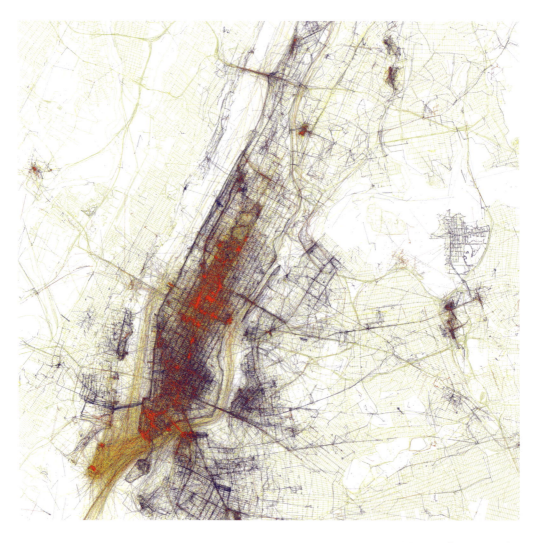

艾瑞克·菲舍尔（Eric Fischer），纽约地图，2010年6月5日至10日间当地人和游客在Flickr发布照片的位置

蓝色代表当地人拍摄的照片，红色代表游客拍摄的照片，黄色代表作者不详。虽然城市的物理结构还没有改变，但网络内容的激增给城市带来了深刻的变化，似乎赋予了城市一种新的生活方式。

（通常是通过地图）或分发（通常是因这些数据的技术性或敏感性而无法展示给形形色色的全体，例如那些涉及污染或犯罪的数据），今天的城市转型引发了诸多美学和政治交叉的问题，而在朗西埃看来，美学则是"可感性分配"中的积极要素。

本书是一项历时超过15年调查研究的最后一部分，其内容涵盖日益强大的计算机和数字技术力量，空间的变化及文化、政治之间的动态联系。在城市尺度上，先写了有关"作为赛博格领域的城市"（city as cyborg territory）的文章，又对建筑的近期发展及从建筑的一般概念到装饰实践的回归进行更深入的研究，后写了《建筑中的数字文化》（Digital Culture in Architecture）和《装饰：建筑的政治与主体性》（Ornament: The Politics of Architecture and Subjectivity）两本书。[9] 而本书所述的对智慧城市的思考与这些早期出版物间有很多联系，如对想

**IBM里约热内卢运营中心，巴西里约热内卢，2012年12月6日**

IBM中心在里约热内卢市的这种象征性的实现，渗透着一种独特的新控制论启发。其中心目标是实时管理城市生活的关键方面，包括2014年世界杯足球赛决赛等重大事件。

前言　一个新的城市理想

象力和故事性的特别关注；对建筑、城市以事件为基础发展方式的重视；对伴随数字时代兴起而出现的新形式主体性的核心角色的尊崇（作者认为此点最为重要）。

在整个调查研究过程中，尤其是涉及智慧城市时，本人旨在避开双重陷阱：对技术的无尽狂热与无限批评的态度，但可惜的是这两种态度在数字问题上太普遍了。技术领域的变革绝不是非黑即白、非敌即友。变化总以复杂的形式呈现，改善既有存在或使其恶化。只因技术变革与社会和政治问题密不可分，有些变化看起来不错，而另一些则可能预示着未来的幻灭。随着社会及其制度的演变，技术才发生变革。从这一角度来看，智慧城市并没有能力解决所有困扰我们的问题。它意味着一个转折点，但与之前的转折（尤其是工业化进程带来的城市变化）一样，智慧城市也将既有优势也有劣势。关于这一部分的讨论将在本书的最后进行概述。

对技术变革不可避免地具有社会性和政治性的肯定，不应导致技术与社会之间的混淆。值得肯定的是，技术的确有能力影响社会、政治和经济组织的形式，但此影响如果不是来自外部，也至少不能将其范围缩小到资本主义的前进发展。在这一方面，美国科学技术研究专家希拉·加萨诺夫（Sheila Jasanoff）所提出的科学、技术与社会合作生产的概念，似乎比对社会事务的首要地位的老套重申更让人感兴趣。[10]

同样，有益的是，抵制把空间还原为社会的产物的诱惑，忽略了事物、材料、物体和距离本质上的顽固；以及规划学、建筑学、工程学和城市主义等学科利用它所产生的约束的方法。而这种顽固和规划的印记，也将伴随未来城市空间化的智能。在此，合作生产又一次被证明有益。既不盲目热情，也不夸大批评；既不试图吸收技术和社会事务以消除疑虑，也不妄图纯粹根据社会关系解读空间。只有在这样的条件下，才有可能把握这令人兴奋又担忧的新城市的新特征：一个新的城市正在我们每个人的眼前出现，伴随而来的是政治问题，是过去从未有的政治问题。

# 参考资料

**1** Jean-Jacques Rousseau, *Of the Social Contract*, 又名 *Principles of Political Right* [*Du contrat social ou, Principes du droit politique*, 1762], English translation, Harper & Row (New York), 1984.

**2** Gottfried Wilhelm Freiherr von Leibniz, *Discourse on Metaphysics*; *The Monadology* [*Discours de métaphysique*, 1686; *La Monadologie*, 1714], English translation, Prometheus Books (Buffalo, New York), 1992.

**3** Ray Kurzweil, *The Singularity is Near: When Humans Transcend Biology*, Penguin (New York), 2005.

**4** Vincent Mosco, *The Digital Sublime: Myth, Power, and Cyberspace*, MIT Press (Cambridge, Massachusetts), 2004, p 119.

**5** Edward W Soja, *Postmodern Geographies: The Reassertion of Space in Critical Social Theory*, Verso (London), 1989.

**6** Richard Florida, *The Rise of the Creative Class: And How It's Transforming Work, Leisure, Community, and Everyday Life*, Basic Books (New York), 2002; Edward Glaeser, *Triumph of the City: How Our Greatest Invention Makes Us Richer, Smarter, Greener, Healthier*; *Happier*, Penguin Press (New York), 2011.

**7** 见 http://senseable.mit.edu/ （2014年11月11日查阅）.

**8** Jacques Rancière, *The Politics of Aesthetics* [*Le Partage du sensible: Esthétique et politique*, 2000], translated by Gabriel Rockhill, Continuum (London and New York), 2004, p 12.

**9** Antoine Picon, *La Ville territoire des cyborgs*, Les Editions de l'Imprimeur (Besançon), 1998; Antoine Picon, *Digital Culture in Architecture: An Introduction for the Design Professions*, Birkhäuser (Basel), 2010; Antoine Picon, *Ornament: The Politics of Architecture and Subjectivity*, Wiley (Chichester), 2013.

**10** 关于合作生产（co-production），见Sheila Jasanoff (ed), *States of Knowledge: The Co-Production of Science and the Social Order*, Routledge (New York), 2004.

# 第 1 章

# 智慧城市的到来：

## 从流量管理转向事件控制

是什么让一个城市"聪明"（smart）？虽然"智慧城市"（smart city）一词源起美国，但它所涉及的实践和反思远非某一国家或文化的专利。从韩国、美国、法国、西班牙、英国到斯堪的纳维亚半岛，"智慧城市"正在世界各地涌现。尽管这一概念会使人不由自主地联想到科技前沿都市（如伦敦、纽约和新加坡等），但"智慧城市"仍涉及众多其他类型的城镇。IBM公司的"智慧城市挑战"项目旨在推广其为改善城市管理和服务而构想的技术解决方案，该项目覆盖的约100个城市中就包括如葡萄牙的法罗和西西里岛的锡拉库扎等中型城市。[1] IBM公司此举有意"模糊"发达国家和发展中国家之间的界限，印度的艾哈迈达巴德和哥伦比亚的麦德林也成了受关注的城镇。据估计，2016年智慧城市领域的投资总额达近395亿美元，而这一领域的投资在2010年仅为81亿美元。[2]

## · 定义智慧城市

智慧城市这一概念,在全球范围内的成功有着与规模相匹配的模糊性。但其所涉及的技术基础及总体目标乍看之下似乎很清楚:在技术上,智慧城市依赖于信息和通信技术的密集使用,通过电子内容的开发及其与物理世界的日益混合(此种的混合通常被称为"增强现实")发挥作用;在总体目标上,智慧城市的建设涉及若干关键性问题,例如通过对技术资源和基础设施的精确管理协调城市生活质量与可持续发展的可能性。2008年的一份报告显示,预计到2020年,信息和通信技术的发展将使碳排放量减少15%。[3] 而最近的一项研究显示,到2020年,这一预期降幅再次超过2011年碳排放总量的18%。[4] 除了智慧电网和其他高反应性的网络能够优化城市的新陈代谢,智慧城市还意味着为配备移动设备的个人提供新的机会,新的集体组织(比如维基百科或开放街道地图这样涉及大规模协作的组织)可由此诞生。

至此,一连串在概念上模糊的问题已经出现。比如,"智慧城市"应该扩展到什么程度?"智慧城市"是否应该包括今天城市建设的所有期望,即是否能在数字技术进步、知识经验共享的同时,以与可持续发展相结合为基础来提高城市生活质量?考虑这些问题时,需要避免"智慧城市"概念定义上的两个陷阱。第一个陷阱是过于狭隘——纯粹以数字技术的使用为中心。其实是一种隐蔽的技术决定论(technological determinism),要么将各种社会效益归因于技术,要么相反地认为技术导致了新社会问题的出现并且否认想把问题可能出现的范围缩小至仅由技术带来的后果。另一个陷阱是过于宽泛——淡化技术发展所带来的不可否认的影响,包括普适计算、地理定位和增强现实,而所有这些技术都将在本书中频繁出现。

概念的模糊和分歧,其根源在于利益相关者不同,而他们又是点燃愈演愈烈的新城市理想的驱动力——一些对技术无限狂热的作者甚至会在写作中将其描述为乌托邦。相对于后者的热情,对这一新城市理想最具批判性的评论者总是将其诠释为大型企业集团（如思科、IBM和西门子公司等）战略制定的成果——在2008年金融危机等因素的影响下，这些企业集团在信息和通信技术领域的投资价值降低，进而使得其自身转向对城市问题的研究——智慧城市市场的指数级增长证明了这一选择的合理性。这种非常企业化的愿景通常与企业自身密切关注的项目高度匹配，例如：韩国仁川的松岛国际商务区（Songdo International Business District）、阿布扎比的马斯达尔城（Masdar City）以及葡萄牙北部的普兰尼特谷（PlanIT Valley）——新城市从无到有的发展，展示了企业所提供的服务平台。这些新城是智慧城市的缩影，建立在物理和数字基础设施紧密结合的基础上。前无古人的新城与后有来者的谴责携手并进，这些新世界无所畏惧的新化身，为城市化的历史注入周期性的节奏。于2013年出版的一本名为《反对智慧城市》（*Against the Smart City*）的小册子颇具趣味，美国城市学家亚当·格林菲尔德（Adam Greenfield）毫不费力地在其中对现有城市的复杂性与（他所认为的）采用功能主义信条的现代建筑和城市规划的不足进行了对比。[5] 美国社会学家理查德·塞尼特（Richard Sennett）2012年于《卫报》上发表的一篇文章也讲述了一个类似的故事，他将马斯达尔、松岛新城机械驱动的特征与芝加哥、孟买等大都市极具创造性的自发性进行了对比（该文发布于在伦敦举办的一个主题为"智慧城市"的会议上）。[6] 雷姆·库哈斯（Rem Koolhaas）并未将智慧城市的问题局限于从无到有的新城发展上，但他也提出了同样的观点。[7]

即使这些攻击在一定程度上是合理的，但这些攻击也暴露出某种健忘症——对企业在城市技术领域所形成积极性的重要价值和创造才能的健忘。正如19世纪末20世纪初，电力在爱迪生、西屋和西门子等公司的倡导下才进入美国和欧洲的城镇，这些公司比其他公司更快地认识到新兴市场的潜力。[8]

电力的例子之所以有趣，还有另一个原因：城市电气化的动力并不只局限于这些公司的战略。电气化所调动的是无限广泛的全体，如利益相关

阿尔伯特·罗比达,《我的世纪》封面,1892年

20世纪末,法国插画家阿尔伯特·罗比达描绘了电力在日常生活中的各种应用,有时富有远见,有时充满讽刺。

LES COURS PAR TÉLÉPHONOSCOPE.

**阿尔伯特·罗比达，20世纪电话监视器：20世纪电力生活，1892年**

大规模在线课程（MOOCs）开发的一个多世纪前，罗比达设想通过使用电话监视器来发展网络远程学习。

者、政治家、市政人员和客户——对于电力，每个人都有自己的期望和行为。而关于对电气化的期望，想象力也在此占有一席之地——法国插画家阿尔伯特·罗比达（Albert Robida）在19世纪末20世纪初的非凡的未来主义愿景也见证了这一切。因此，电气化是一个复杂的动态过程，绝不能完全被压缩为资本主义的利润逻辑，尽管其确实推动了这一过程的发展。

对城市这一进程的不可简化性，美国研究员安东尼·汤森（Anthony Townsend）在其一本关于智慧城市的鼓舞人心的书中清晰地解释了原因——作为一名将数字技术应用于城市场景的专家，汤森也承认扮演先锋角色的大型信息通信技术公司对2008年金融危机后私人投资的下降的担心。[9] 除了思科和IBM，汤森还特别提到了另一类被他称为"公民黑客"（civic hackers）的利益相关者的作用——这些或独立或为城市机构工

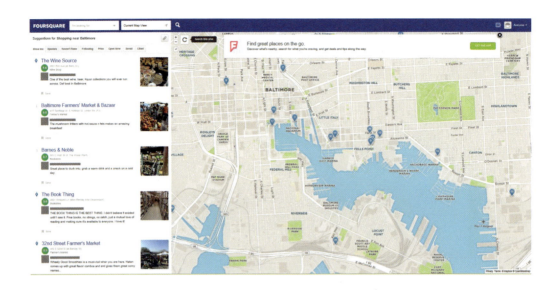

**美国网站"四方网"截图,2015年**

2008年推出的本地搜索平台"四方网"在2013年底拥有约4500万注册用户。用户可以在网站上发布对场所的评论、推荐和评分,从而提高大众对城市的参与度。

作的软件开发人员,利用数字技术提供的大量数据,促进了更多城市合作实践。汤森提到了诸如"四方网"(Foursquare)这样的应用程序(它允许用户就咖啡馆、餐馆和商店交换信息和意见),指出可供智慧城市选择的可能路径——基于个人和集体行动。除此之外,汤森在书中相当重视一系列他认为与乌托邦相近的想象。

除了公民黑客,还有许多其他利益相关者投身于此,首先便是数字技术的用户——被智慧城市的使命召唤到越来越积极的实践中。所以,围绕智慧城市的讨论不能被简单概括为在大企业和公民黑客间的选择。这也就解释了,为何本书选择将新控制论主导的路径与更具参与吸引力的项目进行对比,无论这些项目是由市政府(如巴黎)、开发者还是由用户群体承担。

除上述内容外,汤森的这本书仍有两个局限之处:其一,他对城市空间的具体特征漠不关心,他所讨论的城市明显是虚无缥缈的;其二,从各方面考虑,他对城市智能的定义仍相当传统。就如同他之前的大多评论者一样,汤森也很难想象城市的智能会超越各种生活在城市中的大脑的理解范围。当然了，从某种意义上说城市一直都很智能，因为城市能有效地聚集有理性力量的人。但是，人与技术的耦合程度（hybridisation）随着数字技术的兴起而日益加深，需要对这一城市智能问题进行更根本的反思。

什么是智慧城市？本书采用一个简单却激进的假设：就城市的智能而言，"智能"一词需要更多字面上的理解，而非前述中所看起来的样子。智能是指学习、理解和推理的能力。当前许多项目和实验的潜在目标是使现有城市智能化，甚至在某种意义上说是有意识的。这种雄心不能被缩小至现有的可用技术的范围之内，因为它远远超出了技术的范围。这当然就解释了为何汤森对它的关注如此之少。同样的道理，智慧城市似乎只是部分技术力量的成果。与此同时，决定论的诱惑连同其技术乐观和技术悲观的推论，以及令人兴奋的乌托邦或反乌托邦气息就这样被搅乱了。同样地，将技术的影响降到最低所带来的反向风险被搁置一边，因为出现在我们眼前的智能，其根本的新颖性源于其部分非人类的特征，以及人类、机器和算法之间前所未有的关联。

智慧城市是什么？在概述完这个问题当前的诸种立场之后，智慧城市既展现为一个理想，又展现为一个过程。作为一个理想，智慧城市的数字技术确保其功能和可持续性的最优化，确保居民的生活质量，确保居民间彼此持续联系的关系。智慧城市作为一个理想，其中，一些学习、理解和推理的机制被内化为城市本身所固有的，而不是留在居住在城市中的人们的头脑里。

这种理想所呈现的矛盾在本书中并没有被掩饰，但它们被一种宣称它们已经被克服的发展动力缓解了。作为一个过程，城市在一系列复杂因素的影响下已经智能化（或至少正全速迈向智能化）。这些复杂因素包括汤森所珍视的技术创新、商业战略和公民黑客项目，还有数百万匿名利益相关者的行动，他们也正在尝试与城市环境建立新的关系——在这种关系中，人类与非人类的纠缠与日俱增。

# • 自我实现的虚构*

尽管城市事务的专家们仍难以想象城市能够获得一种自主形式的智能，但在科幻小说中实现这一飞跃难度就小得多。事实上，智能的城市甚至是更进一步拥有某种知觉的城市，长久困扰着小说家和电影人的创作想象力。对智能城市最激进版本的描述来自美国作家乔·霍尔德曼（Joe Haldeman）于2007年出版的小说《意外的时间机器》(*The Accidental Time Machine*）。[10] 这个故事有关一个名为La的人工智能，它统管着洛杉矶市。La（当然也是加州大都市的缩写）有各种形式呈现自身，但通常情况下她以女性身份出现在对话者面前。La可以同时出现在无数个地方，特别是在城市居民需要缴纳地方税的时候，La能以一种个性化的形式出现于所有想和她讨论纳税细节的人面前。La不仅是一台机器，也是城市、基础设施和市民之间数百万次互动所产生的结果。

这一频繁出现哲学情调的科幻故事，可以带来两点经验。其一，人类和城市之间出现了越来越个性化的关系，几乎可以被形容为亲密的关系。众多的移动应用也在寻求促进这种个性化的关系。比如美国波士顿市，该市于2009年推出一款名为"市民连接"（Citizens Connect）的应用程序，该程序旨在让居民向市政府反馈公共区域存在的问题，例如路面受损或交通信号有缺陷。[11] 而在法国，电信运营商"橘子"（Orange）与波尔多市议会合作开发了一项名为"我的城市在我的口袋里"（Ma Ville Dans Ma Poche）的试验项目，该项目为居民提供的单一门户可访问全系列的行政服务及商业、休闲设施。[12]

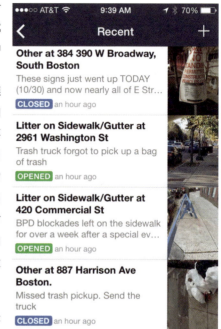

**马萨诸塞州波士顿市开发的"市民连接"应用程序屏幕截图，2015年**

通过这种专为智能手机设计的应用程序，公民可以体验到更个性化的市政服务，并为城市福利作出贡献。

---

\* 原标题为"Self-Fulfilling Fictions"。fiction，有"小说、虚构、杜撰"之意。作为题目，如果译为"小说"显然不符合语境，译为"杜撰"又有明显的否定意味，所以在题目中使用了"虚构"一意，既有杜撰不切实际的成分，又有小说叙事的意味。后文中出现fiction时，将根据语境选择不同的译法。——译者注

其二，也是更重要的，城市可以不再仅仅是技术基础设施、空间序列、个人和群体的集合，不再仅仅具有隐喻意义上的人格，也不再仅仅是一种常常被政治关注所玷污的理想。就好比戴高乐在法国首都摆脱纳粹占领之际发表的演讲那样，"巴黎！巴黎愤怒了！巴黎破碎了！巴黎牺牲了！但巴黎解放了！"[13] 在对城市这样的脚本上，霍尔德曼与数字化理论家、设计师和艺术家类似，他们也自证了自身没有大多数城市专家那样谨慎。[14]

当然，科幻小说也早已不再是创造未来的最受欢迎的手段。法国数字媒体专家尼古拉斯·诺瓦（Nicolas Nova），就关于这一长期占据主导类型的文学作品在他的一篇文章中作出评论——未来预测在今天更多的是通过技术和现实的混合来实现，而不是通过小说、小故事或电影，尽管这三者带着读者跨越几个世纪或从一个星球飞行到另一个星球。[15] 但是，了解科技未来和日常生活的混合体是否仍来源于科幻小说，真的那么重要吗？更重要的应该是：注意到想象力和诸种叙事技巧在信息和通信技术发展过程中所发挥的不可替代的作用。无论其地位如何，这些叙事都该被认真对待，因为它们所传达的期望或欲望，比其他领域更能成为创新背后的驱动力；也因为它们对日常生活和社会关系的渗透，能远超传统技术对其渗透的程度，所以，数字技术不仅包含欲望，也包含塑造欲望的叙事。后者决定了数字技术发展的方向和目标。换言之，围绕数字技术发展的虚拟世界具有强烈的自我实现的特征。就智慧城市而言，它特别允许对它的两个维度进行调整：理想的和具体的转型过程。

对这种自我实现特性来说，普适计算的发展也许是最好的例证。20世纪90年代初，在一些有远见卓识的著作中，人们提出了让计算机无所不在又无迹可寻的目标。比如，时任加州施乐·帕洛·阿尔托（Xerox Palo Alto）IT研究中心主任的马克·威瑟（Mark Weiser）就在《科学美国人》(*Scientific American*) 杂志上发表了关于21世纪计算机的文章。[16] 此文以及继它之后威瑟和计算机领域的其他重要参与者所发表的一系列同主题出版物为开启一项真正的研究和发展方案作出了贡献。[17] 不同的参与者之间存在较大差异，不同的名称也因公司而异，比如从飞利浦

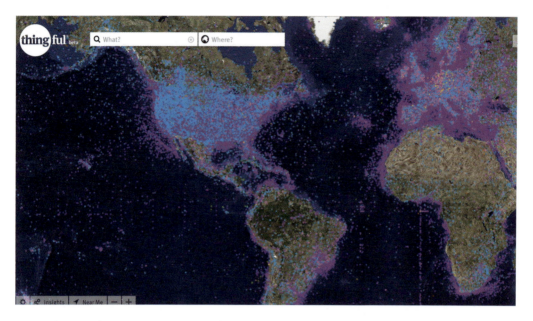

"全是物"搜索引擎屏幕截图，2015年

在"全是物"上可以按位置、连接对象类型和所有权搜索物联网。随着这些通常通过无线连接的对象的扩散，互联网变得越来越具有空间呈现性，并以个人与机器、机器与机器之间的通信的兴起为标志。

的"环境智能"（ambient intelligence）（该词后被欧盟委员会采用），到IBM和西门子的"普存计算"（pervasive computing）*。这些方案在诸多方面颇有成效，计算能力和数字资源再也不局限于计算机——现在，它铺天盖地：在控制我们周围机器的电子芯片中，在我们的家用电器、汽车、手机、平板电脑中，在谷歌和苹果等公司的联网眼镜和手表中。[18] 现在，超过500亿个联网设备正在线发送数据。而技术公司"伞状云"（Umbrellium）开发的搜索引擎"全是物"（Thingful），则将一些通常被称为"物联网"（Internet of Things）的元素定位，并提供引人注目的地图。[19]

马克·威瑟的文章内容有趣，它揭示了当时尚在萌芽阶段的发展，从Wi-Fi的普及到触摸平板电脑的使用。它的形式也很有趣，它故意混合宣言式的文字与研究性的报告。在宣言部分，这段精辟的开场白最常被引用："最深邃的技术是那些隐身的技术。它们将自身编织进日常生活的肌

---

\* pervasive computing，通常也被翻译为普适计算，但为了和原文中常用的ubiquitous computing（普适计算）区分，故翻译成普存计算（该译法也是对这一计算的标准化翻译之一）。——译者注

理中,直至与之难以区分。"[20] 在报告部分,文章介绍了各种创新——从电子徽章到平板电脑,再到可编程屏幕。但最重要的部分,也是揭示威瑟写作意图的关键部分,在文末对一位在硅谷工作的母亲萨尔(Sal)的日常生活的描述:"萨尔一跳下床,就可以喝到咖啡机为她准备的咖啡,因为床头桌上的闹钟已经识别出了她即将清醒的迹象并告知了咖啡机。萨尔一到单位,屏幕上就会显示可用的停车位。过了一会儿,她与同事一起修改了一条信息,这位同事的脸投射在萨尔墙上的屏幕上。一整天,萨尔都在与大大小小不同功能的机器打交道,这些机器可以让她随时了解情况,建议她该如何行事,并在她作出不明智决策前就提出替代方案。"借助虚构作品,将日常生活与当时仍令人惊讶的技术创新结合在一起并完成了展示,更确切地说,是完成了总结。

艾伦·柯蒂斯·凯(Alan Curtis Kay),曾在施乐帕罗奥多研究中心工作过的著名计算机科学家,说过一句名言:"预测未来的最佳方式是创造未来。"[21] 自从数字技术诞生,虚构就在其发展过程中扮演了重要角色。在许多情况下,对未来创新的叙述取决于计算机科学家。但就一些实践目标而言,小说家、编剧或电影导演也同样为一些既定目标的制定作出了自己的贡献。这样看来,赛博空间(Cyberspace)的确受益于作家威廉·吉布森(William Gibson)和尼尔·斯蒂芬森(Neal Stephenson)的直觉力,更准确地说,赛博空间是使线上生存成为可能的元叙事(metanarrative)中的一部分。而线上生存就像一条拉斯维加斯大道,从那些愿意沉浸在其辉煌和变幻莫测的结构中的人身上吸收走大部分能量。[22] 电影(如《少数派报告》(*Minority Report*, 2002))与创新(如触觉界面、视网膜扫描仪和增强现实)之间的联系众所周知。诚然,该影片的导演史蒂芬·斯皮尔伯格(Steven Spielberg)在筹备影片时的确咨询了各种信息和通信技术方面的专家。数字技术以虚构为食——具有强大的自我实现特征。

正如加拿大通信专家文森特·莫斯科(Vincent Mosco)所强调的那样,这些虚构可以追溯到一些创始神话(如废除空间边界或技术无处不在又无迹可寻的理想),而马克·威瑟最终所完成的只不过是旧有神话的

由汤姆·克鲁斯（Tom Cruise）扮演的约翰·安德顿（John Anderton）上尉，在史蒂文·斯皮尔伯格的《少数派报告》中使用触觉界面，2002年

　　约翰·安德顿是一名联邦警探，由演员肖恩·康纳利饰演。《少数派报告》中使用的触觉界面是小说与尖端数字技术发展之间强烈关系的典型代表。这些技术的自我实现性在很大程度上是形成这些关系的原因。

HAL 9000电脑的"眼睛"，斯坦利·库布里克，《2001：太空漫游》，1968年

　　HAL 9000电脑的红色摄像机眼睛（用于启发式编程算法计算机）至今仍是关于人工智能的诱惑和危险的强有力的象征之一。就智慧城市而言，尽管一些参与智慧城市发展的国家采取了强烈的新控制主义立场，但这种集中化的系统实施的可能性相对较小。

新版本。[23] 但是，仅凭这些神话又不可能创造出那些既相似又不同的故事——通过创造未来来预测未来的故事。数字化与想象或虚构之间的特殊关系可以用一些基本特征来解释，与通信的密切关联必然发挥作用，但它根据我们的欲望改变日常生活的能力才是最具决定性的因素。从马克·威瑟的文章开始，大多数关于自我实现的叙事都出现在两个维度的交叉点上：交流维度与日常维度。除了准备早餐或开车上班等琐事，萨尔的日常也会被一些数字时代的活动（比如通信或查阅新媒体等）打断。同样的因素也同样出现在《卫报》几年前刊登的一篇关于2050年智慧城市居民日常生活的文章中。[24]

出现一种被赋予控制和调节功能的非人类智能，是数字时代的创始神话之一。这一神话亦是斯坦利·库布里克的《2001：太空漫游》剧本背后的推动力之一。如今，智慧城市成为众多叙事的主题——叙事从科幻小说（《意外的时间机器》）到商业场景（如思科系统或IBM这样的IT公司）再到日报上的文章。这些叙事并不会像库布里克的电影中那样，协助完成木星任务的HAL 9000计算机因精神上的弱点导致肩负的使命陷入灾难，不再像20世纪60年代和70年代科幻小说中老大哥式的中央集权化电子大脑，现在对智能的设想中，其形式更为复合。将它与巨型中央计算机的类比已被其他模式所取代，不论是赛博格、网络，还是集群，其原因至少与可用技术的范围和社会技术的想象有关。技术的可用与否状态与叙事的自我实现特征，必须被一同引入与智慧城市相关的叙事中。尽管对智慧城市最雄心壮志的设想似乎仍是一个遥不可及的理想，但通向它的过程一直在进行中。从这个角度来看，可以认为我们已生活在智慧城市中。

## • 有感知的城市和可被感知的城市

在谈论智能问题之前，或许应该先将城市探测、测量和记录内部发生事件的新能力引入技术网络、街道建筑物、居民住宅及公共行政机构的办公室中。这些新能力有时是可见的，但更多时候是隐蔽的。无数的芯片和传感器用以定位物体和车辆、记录消费水平和交易、监控温度和污染层级、测量人口密度和流量。[25] 例如,在西班牙桑坦德市,约有2万个传感器监测如温度、光照、地面湿度和可用停车位等参数,以供18万居民使用。[26] 在巴黎,有12万棵树安装了射频识别(RFID)芯片,以便负责公园和花园的技术人员可通过该芯片了解树木的历史并追踪它们所受到的干预。同样在巴黎,负责提供资金的市政机构能够远程读取各公寓楼的用水量。借此,巴黎水盟(Eau de Paris)能更容易地识别系统存在的漏洞,并在出现用水量过度时对用户进行提醒。在许多城镇,车辆交通也通过感应回路、无线传感器、摄像机等技术被实时监控。以新加坡为例,这种监控促成了采用第一批动态定价系统,该系统包括让司机根据意愿和(更重要的)拥挤程度按比例支付交通费用。从长远看,城市实行自动驾驶从而进一步提高交通效率的设想,成为可能。而谷歌汽车已经实现了无人驾驶,美国的几个州也已批准无人驾驶车辆可以在公共道路上行驶。

**新加坡电子道路收费站,新加坡,2005年**

大城市的交通拥挤已成为普遍现象。在新加坡的车辆由一种被称为"车内单元"的电子设备来识别。而在斯德哥尔摩,交通拥堵税自2007年起永久实施,车主的身份识别基于车牌的自动识别。

越来越多的信息是由城市居住者自己产生的，无论是使用智能旅行卡，如伦敦的牡蛎卡（Oyster）、巴黎的导航卡（Navigo）或东京的西瓜卡（Suica），还是使用信用卡或手机支付。一年又一年，居民的活动和居民活动的有关信息受到更密切和更广泛的监测，不断在实验和大规模实施的政策之间摇摆。居民的购买行为、用水、用气和电力消耗已被记录了很长时间，现在，就连他们产生的垃圾也被关注。为了改善家庭垃圾管理，麻省理工学院的感知城市实验室通过电子芯片识别，对西雅图市从铝罐到塑料包装的垃圾循环进行跟踪。[27] 与此同时，韩国首尔市也启动了一项颇有野心的计划，通过射频识别技术，让当地居民根据垃圾的产生量为垃圾收集付费。该计划主要涉及垃圾桶，通过计算居民放入垃圾的重量，向居民按比例收费。[28]

城市正无情地将自己转变为信息系统，而这些信息通常是实时获得的。在这些系统中，物理基础设施、服务供给和用户之间的关系正被重新配置，以提升反应能力和使用灵活性。但在许多情况下，终极目标却是为了更好地优化如停车位这样的稀缺资源。举例来说，从旧金山到尼斯，所有的城市都在试验"智慧"停车系统，该系统通过传感器让司机获悉当前位置附近可用的停车位。[29] 当然，无论是减少能源消耗还是减少垃圾产生，智慧城市的主要目标都是寻求环境效能的提升。这一目标也是法国电力公司（EDF）推出林奇（Linky）电表的理由，该公司是法国最重要的供电公司，而林奇电表的首次投用，则代表着向更智能的电力供需管理迈出了第一步。

城市的心脏上正拴着一把钥匙，这把钥匙能启动城市信息的极速膨胀，而钥匙的关键则在于能否将不同类型的测量和记录联系起来，并在可能的情况下使其结合。考虑到这一点，尼斯市与思科系统合作开发了一条"互联大道"（connected boulevard），各种传感器在这条大道上收集交通循环、街道照明、环境质量和清洁程度的实时数据。其目的是创建一个共享的信息平台，使行政机构和私人开发商都能为物理世界和数字世界的接口提供创新服务。[30] 这些整合的观点也可以在其他新智慧城市（比如马斯达尔和松岛）的项目中找到，它们同时强调可持续的发展和数字技术

**利贝利乌姆（Libelium）设计的智能停车传感器平台，2011年**

埋在停车场的传感器可以探测到车辆的进出。信息被传达给系统集成商，以提供全面的停车管理解决方案。

的应用。然而，必须承认的是，在这些旗舰项目背后，许多城市智慧发展的计划仍缺乏连贯性，这些计划看起来只是一系列协调性相当糟糕的孤立行动。比如法国里昂宣布的数字战略，尽管融合了包括鼓励能源转型、提出新的移动解决方案、帮助业务创新等不同主题，但这些举措间的联系并不明确。[31] 其原因无疑在于许多发展项目的实验性质。但现在的时机似乎是扩张而非巩固，可扩张一旦达到某一阶段，巩固又成了必然。

"智慧"的实验和成就的例子还有很多。它们所依赖的正是对城市网中（实时）发生事件的探测和记录能力。在一些情况下，这些记录可以直接生成自动控制技术基础设施的指令，以恒温器和其他温度控制器的方式动态适应用户的行为，比如鸟巢恒温器。[32] 而随后，传感器会与负责启

**安装在墙上的林奇电表，法国，马赛，2018年**

由法国电力公司推广的林奇电表，旨在作为改善电网管理的第一步。法国电力公司是法国最重要的电力供应公司。

动执行这些指令的激活器进行配对。相对于已存在相当长时间的大型规范化技术系统，在上述例子中的确很难看出城市正以何种方式真正变得更加智能。而自动控制就穷尽其可能的设想而言，还有很长的路可走。在其他一系列案例中，其目的则是为运营商和（或）用户提供一系列的选择及允许他们了解每种选择的后果。

在智慧城市的背景下，不论是运营商还是用户，这两类利益相关者之间的区别变得越发模糊。这一特征也在数字化领域相当普遍。正如许多评论家指出的，第二代互联网（Web 2.0）已经模糊了业余爱好者和专业人士之间旧有的分界线。[33] 维基百科就是最好的例证。同样，为了使城市更具可持续性，信息和通信技术在城市中的应用要求用户增加投资，用户被要求与提供新服务的管理者更加紧密地结合起来。就拿智慧电网这一号称新能源生产和分配智能化的网络来说，终端用户的地位正被不断抬升——不论用户是否可能影响能源供应（如果用户自己生产水能、风能或太阳能），还是比以往更聚焦于自身消费进而影响需求。提升终端用户的地位，也是林奇新智能电表的目标之一。2012年，美国发起的绿色按钮计划（Green Button Initiative）也拥有这种壮志雄心，其目的是为公用事业客户提供有关其能源使用的数据。[34] 而使用户增加投资的渴求，也同样出现在家庭垃圾回收中。从能源管理到废物处理，城市居住者越发频繁地认识到自身需要行动，以及直面对技术系统整体平衡的战略性选择所造成的影响。一种新的消费者模式正在出现，它模糊了运营商和用户间传统的界限。

这一系列发展项目的成果在于，越来越多的个体能通过城市获得有关自身的实时信息，而城市则能利用这些个体完成对自身部分功能的控制。而这样的信息获取和功能控制可以通过各种方式实现。比如，智能手机就扮演着日益重要的角色——移动屏幕越来越频繁地为我们提供帮助，所执行的任务也越发多样化，甚至还能满足一些特殊的愿望。2014年，美国约60%的手机用户持有智能手机。[35] 而早在2012年，手机用户中智能手机持有比例在欧盟五国（英、德、法、西班牙和意大利）已达50%。[36] 并且，这种渗透还不仅限于发达国家。2013年，智能手机在印度移动电话总数中所占比例从10%升至22%以上，2014年到2015年也持续增长。[37] 尽管许多城市仍指望通过电子公告牌这种"第五屏"来改善交流，但相比之下，智能手机屏幕对我们与城市的关系的影响最大。[38] 智能手机屏幕除了能实时显示所有与环境、交通和文化生活有关的信息，甚至还能破译城市中墙壁上随处可见的二维码。

通过各种终端（手机当然是其中最重要的一环），城市居民可以了解自身的情况并作出决定。从某种意义上说，城市意识的曙光正在降临——城市探索到了自身所处的状态和可能发展的方向。以高度互联的桑坦德市为例，市政府开发了一个名为"桑坦德城市大脑"（Santander City Brain）的网站以收集有关该市现状和前景的想法和建议。[39] 意识的萌芽是有感知城市（sentient city）概念的起源，引起了众多研究者、设计师和艺术家的兴趣。[40] 就好像城市领域突然具备了某种敏感性，能够产生某种形式的意识，甚至是产生自我意识。

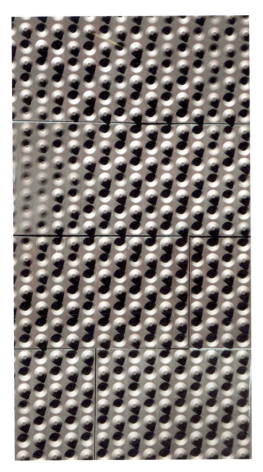

**赫尔佐格与德梅隆（Herzog & de Meuron），青年博物馆（de Young Museum），旧金山，2003年**

典型的建筑装饰的回归，博物馆的围护结构似乎模糊了视觉和触觉之间的界线，就如同盲文字母表。

尽管智能手机使用量的增加和城市自我意识的萌芽这两种现象之间没有严格的因果关系，但它们共享着同样的原始资料——数字时代的个体（这个问题将在第2章详细讨论）——城市的直觉力（intuition）已经发展出了等价于感觉的东西，且被感官的显著性所强化：视觉、听觉、嗅觉、味觉甚至是触觉，我们有多少种方式代表这个城市，就对这个城市有多少种评判。在这一点上，触觉尤其构成一个在当代文化中急速上升的纬度。建筑赋予触觉新的地位就可以作为见证，而这也往往被描述为装饰的"回归"。[41] 在这个有感知的城市面前，在这个我们给予感官能力补充的城市面前，个体绝不会被数字革命切断了感觉，恰恰相反，男男女女们展现出了对所有感官刺激的超接受性（hyper-receptivity）。从当代艺术到享乐主义美食学等领域，研究人员或评论家已发表了诸多文章，来探讨这种超接受性的后果。[42] 至于感觉之城（the city of senses）、有感知的城市，甚至愉悦感官的城市（sensual city）这些不同的概念，加拿大建筑中心在2005年至2006年举办的一个展览揭示了与这些不同概念相关的新城市问题。[43] 这个项目在建筑师雅克·费里尔（Jacques Ferrier）的协调下，成为法国2010年上海世博会竞标的主旋律。[44]

有感知的城市和可被感知甚至愉悦感官的城市，这两种概念是互通的。在麻省理工学院，卡洛·拉蒂（Carlo Ratti）的实验室以感知城市为主题，有意混淆了这两种概念，这样的混淆是为了提出一种同时具备感受力又可被感官探测的城市，无论有无信息的帮助或通信工具（如传感器）。[45] 此外，这两种概念在实践的发展中都涉及与数字化相关的问题。如前文所

述,这一点在有感知的城市中显而易见。但就其本身而言,可被感知甚至愉悦感官的城市显示出了与"创意阶层"(creative class)志向的密不可分,"创意阶层"这一表述来自美国城市研究理论家理查德·佛罗里达,是建立在数字基础上的新知识经济的源头,而数字经济正是传统发展的替代方案。[46] 这种新经济发展模式的利益相关者们,无论科学家、商人还是设计师,都在努力营造一种丰富多彩、五感兼备的城市环境。美术馆、表演场所、美食餐厅和时装精品店,就像传感器、光纤和普适计算一样,也都与知识经济发展所需要的生态有关。在麻省理工学院看来,肯德尔广场商业区(位于校园大门口)中这些设施的缺席,是一个亟待解决的问题。[47] 没有刺激性的城市环境,就不可能有持久的智能发展。

尽管有上述关系,但有感知的城市的假设——一个能够感知并进入某种形式的意识,甚至拥有自我意识的城市有机体的假设,仍比可被感知

**UN工作室(UNStudio),格乐利雅(Galleria)百货商店,韩国,首尔,2017年**

建筑装饰回归的一个例子,立面上不断变化的玻璃圆盘颜色与大气状况的动态变化相呼应。目的是使过路人和购物的人产生愉快的感觉。

甚至愉悦感官的城市更难以领悟。从本质上说，这又回到了本书关于智慧城市的基本问题上。智慧城市是智能的？是的，但是从何种意义上说呢？在直接回答最后这个基本问题前，让我们继续收集线索并关注有感知的城市的另外两个维度：首先是与之相关的海量数据积累，其次是贯穿始终的事件发生与事件结果的重要性。

## • 海量数据

**一张"活跃的街道"图片，Elkus Manfredi建筑事务所，2013年**

麻省理工学院在一份分区申请中使用了这张图片。它不代表实际的建筑设计，而是为了传达新肯德尔广场商业区的整体氛围。无数的商店、咖啡馆和餐馆为街道增添了生气。

芯片和传感器激增的直接后果就包括城市及其运行方式的相关数据的海量积累。移动电话本身就能提供大量信息，比如使用者的位置和所拨打的电话。接入互联网的智能手机可以收集更多的数据。更笼统地说，城市正步入一个以信息生产和存储呈指数级增长为标志的发展新阶段。与此同时，因为信息越发能成为驱动资本主义引擎的战略资源，所以城市领

**IBM公司,"将大数据转化为真知灼见"信息图,2013年**

这是IBM智慧云和智慧城市智能操作软件(Smarter Cities Intelligent Operations)促销推广中的一部分。操作软件的目标之一是提供一个仪表板,利用大数据为城市作出更好的决策。这种雄心壮志带有鲜明的新控制论内涵。

域对大型企业来说,其战略特征正在增强。信息市场的存在,不仅因为销售产品和服务所产生的直接利润,还因为珍贵的数据集能被出售或直接利用。

如此,城市所产生信息的控制问题就出现了。而对待这一问题的态度,显然是多样的。虽然一些市政府试图保持对城市服务所产生数据的控制,但其他人似乎对这个问题漠不关心。后者的冷淡至少在一定程度上是因为有关信息控制的问题是最近才出现的。可以打赌,信息所有权问题在几年内将成为一个不可避免的重大政治挑战,而那些冷淡的态度只得自行弃牌。与这一挑战相关的另一个问题是,在瞬息万变的信息领域,城市很难采用连贯的战略,甚至无法建立一个稳定的前景。

除了所有权,可访问性也代表了另一大的挑战。究竟谁有权查阅或使用这些数据?值得注意的是,可访问性并非只涉及权限,格式和可读性方面的技术问题也同样存在。比如，理论上有权查阅信息，实际上却因缺乏技术培训或缺少合适的软件而无法读取信息。智能城市各种传感器和服务器所产生的原始数据，只有极少数用户能利用。多数人都需要将数据格式化后才能够读懂或领会。如此看来，城市的地图映射越发具有战略意义，其目的正是使城市产生的信息显而易见。地图是实现开放数据理想的有效途径，而开放数据正是一系列利益相关者、市政府、汤森式公民黑客和社区活动人士所要求的。将城市产生的数据为所有人所用是市民的新目标。**48** 但是，在向公众提供的统计数据和地图的上游，数据的格式化及端口的编写（对信息的一种真正简化），难道不会赋予这些工作的负责人过多的权力吗？与数据的所有权一样，使数据可访问的方式同样引发政治性问题，而当前有关数据公共性质的讨论也仅仅只能回答部分问题。

杰伊·弗雷斯特，"城市地区生命周期——250年的内部发展、成熟和停滞"，1969年

杰伊·弗雷斯特的《城市动力学》（*Urban Dynamics*，麻省理工学院出版社，1969年）是首批建立城市长期发展模型的雄心勃勃的尝试之一。弗雷斯特得出的一些结论，例如建造廉价住房的破坏性影响，被证明是极具争议性的。城市长期停滞的前景同样令许多人不快。在作者看来，这些多少有些违反直觉的结果证明了城市模型的丰富性，这是许多大数据挖掘支持者的共同信念。

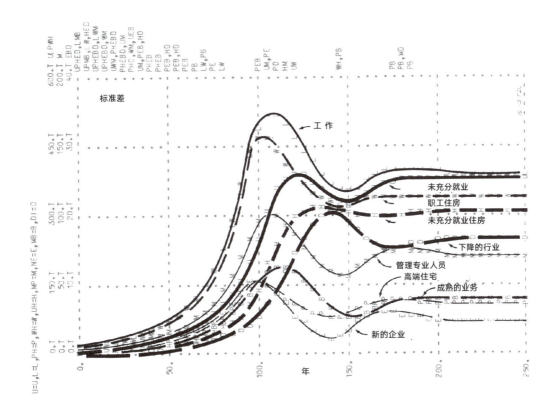

让-查尔斯·阿尔方（Jean-Charles Alphand），1889年1月1日，巴黎下水道地图，《巴黎作品1789—1889》（Les travaux de Paris 1789-1889），巴黎，1889年

与其他19世纪的大都市相比，由奥斯曼（Haussmann）和他的工程师们规划和建造的新巴黎更像是一个网状结构的城市，流量管理在其中扮演了重要的角色。

在与大数据相关的文献中，因为实现新城市科学的前景，这些问题往往被归为背景问题——这种科学的基础是过往未被觉察的看似明显不相关现象之间的相互关系，以及对城市功能进行更彻底、更现实的建模，通常被描述为新陈代谢（就像生物体）。一些发烧友的作品会带给人一种错觉：数据能自行生成新知识，就像一个档案馆不需要历史学家提供所藏对象的信息。当然，可以想象有一天算法会取代人类来利用城市创造的海量信息，但设想机器和人类之间的合作似乎更为可行，即使只是为了说明新城市科学的基础所揭示的相互关系。伴随"数据能自行生成新知识"而来的，是一种错误观念：相信与上述数据相关的所有权、可访问性问题会自动出现，就像大数据堆肥化后产生的霉菌一样。同样，对城市进行建模的乐观主义反映了另一种错觉：城市是一个系统，虽然不封闭但只需要定量的参数便可驱动。这种错觉早在20世纪50年代和60年代就已是受系统论主导或控制论启发的城市建模尝试的特点，比如，美国计算机工程师、系统科学家杰伊·弗雷斯特（Jay Forrester）在20世纪60年代后期发展出的"城市动力学"（urban dynamics）。[49] 这样来看，弗雷斯特是当今在智慧城市文献中被经常提到的先驱者之一。例如，弗雷斯特出现在IBM研究人员寻求建立智慧城市一般理论的参考资料中，出现在完全受城市建模启发而命名的《城市新科学》（*The New Science of Cities*, 2003）中，该书由英国城市学家和教育家迈克尔·巴蒂（Michael Batty）出版。[50]

将城市视为建立在有限参数间反馈环基础上的系统这种意愿的回归，触及对智能采取新控制论方法的基本要素之一，这些内容会在下一章中进一步讨论。而这种方法也指向一种更根本的转变，在转变的最后阶段事件结果和事件发生将在城市体验和城市管理中占据更具决定性的地位。伴随工业时代兴起的网络化城市将流量管理放在绝对的优先地位，而流量管理往往倾向于退居幕后——隐藏在对城市中事件密集网络的感知之后，隐藏在为了建构理想发展情节而控制事件演进的计划之后。[51] 流量本身越发系统地被从事件角度感知——事件，赋予流量以节奏，或者妨碍流量的节奏。我们只需要想想交通堵塞和意外事故在人们对车辆交通的认知中所起的决定性的作用，便可为证。与智慧城市一样，网络化城市既是一种理想，也是一种具体的转型过程。只是这样的理想和过程，正在被取代。新的城市智能正在出现，引发从网络化城市（networked city）向事件城市（event-city）的转变。

## • 发生了什么

在连接自身的屏幕上，城市居住者可以访问事件发生、事件结果和情境，而非什么物质的"东西"、物体或组织。街道布局当然能显示在智能手机屏上，但最重要的是，手机主人能看到自身的定位，以及他或她可以支配的可能性。事件发生和事件结果，除了交通状况和堵塞的发生，还有故障检测和在线购物（通过密码确认身份）。更广泛来说，还有智慧城市的传感器和仪表每天记录的数百万基本事件，比如，某地温度、有无车辆、水电消耗。这些微小的事件聚集起来，显示了普遍情境。交通地图，就是这种聚集达到顶点的典型结果，比如"共同城市"系统为法兰西岛大区（巴黎周边）提供的交通信息。

法国哲学家和城市规划学家保罗·维里奥（Paul Virilio），长期对这种以事件为基础的特征持怀疑态度。2002年至2003年，在卡地亚基金会支持下，维里奥举办了一场以这一怀疑为主题的展览，并出版《发生了什么》(Ce Qui Arrive)（尽管法语原版标题是这样的，官方英文标题却是"Unknown Quantity"）。[52] 在维里奥看来，这个主题带有必然的灾难性基调，不论是生态意外还是恐怖袭击（2001年9月11日）。在这些末日情节的背后，城市越发像一个事件系统——事件发生和结果的系统，时而聚集，时而嵌套。在聚集情况下，产生的是总体情境（正如上文所述）；在嵌套情况下，事件为中型城镇或大城市生活插入点缀（比如体育活动、节日、

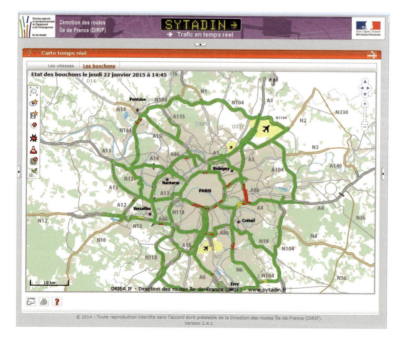

"共同城市"（Sytadin）网站截图，2015年1月22日下午2:45

"共同城市"提供巴黎及周边地区实时交通信息，还标记了正在进行的道路施工和事故。

政治仪式），它们在城市定义中的重要性也只增不减。文化首都、文化资本、文化资产的标志性纪念碑也倾向于被同化为事件，同样与这一演进关联。法国巴黎（文化首都）的埃菲尔铁塔（文化资本），不再是一个建于19世纪的300米高的金属结构（文化资产），而是一种不断更新的巴黎身份的庆典（文化事件），并邀请游客参与其中。其游客量（2013年是670万）也同样代表了一个由微小事件构成的情境，而负责管理铁塔的组织则进行了细致的跟踪。53

保罗·维里奥，《发生了什么》
封面，2002年

在题为《发生了什么》的展览和目录中，维里奥对灾难性事件如事故、生态灾难和恐怖袭击给予重视，并加深了对当代城市的解释。在2001年9月11日的恐怖袭击之后，公众对这一解释给予了特别的关注。

事件发生、事件结果和情境——堆积、聚集、嵌套，通常是一团乱麻，形成了现今伟大城市叙事解构的线索。受其启发的叙事和设想，能让城市为自身量体裁衣，设定目标，远超城市规划专家的谋划。随着以事件为基础的城市的崛起，同时代于城市规划中常被谴责的危机——真实和虚构，往往难以区分。例如，从埃菲尔铁塔和诸如"巴黎沙滩节"（夏季在塞纳河沿岸修建临时人工海滩）的游客数量，到巴黎作为欧洲乃至世界旅游之都的叙事，几乎可以不被察觉地从事件过渡到巴黎市政府明确宣布的战略。尽管区域性的总体规划不时被公布，但以法国政府2007年启动的"大巴黎"（Grand Paris）倡议（该计划旨在使大都会适应21世纪）为例，其根脉更多地根植于叙事中而非传统规划中。巴黎南部的萨克雷高原（被称为欧洲的硅谷或法国的剑桥），正是其成功的子代。该区域对地铁系统到2050年的发展规划，以信息和通信技术领域发生了什么为模型，似乎是直接虚构的——一种被赋予自我实现特征的虚构。54

巴黎并非唯一一个以自我实现的叙事为生的大都会。伦敦这座卓越的盛会

"巴黎沙滩节"活动期间巴黎市政厅旁塞纳河河岸的人造海滩，2012年7月24日

"巴黎沙滩节"是各种庆典和节日在城市长期规划中的重要性的典型体现。

城市拥有50万台监控摄像头、皇家新闻及奥林匹克运动会，梦想着布满如上海一样的水晶塔。伦敦渴望的，是亚洲式的经济活力与欧洲式的可持续发展。

然而，除了巴黎纪念碑的售票处和伦敦的监控摄像头外，数字技术在事件城市崛起中所扮演的角色，源于一些更根本的东西，而非遍布城市的用来捕捉发生了什么的工具。信息，据其定义而言，本身就有基于事件的特征：在一系列可能的状态内，选择给定的状态。众所周知，信息量的基本单位，比特（bit），便是以0或1表示，取其一作为一个微型的事件发生。法国哲学家皮埃尔·列维（Pierre Levy）如此写道："比特既不是物质的微粒，也不是思想的元素，它是境况的最小单位。"[55]

从一开始，信息和通信技术所带来的世界就具有强烈的基于事件的特征。第一代大型计算机网络（多亏了它们，我们可以在屏幕上看到东西）与热核袭击事件突发相关联，这一点绝非偶然！诞生于此时的半自动地面防空系统（Semi-Automatic Ground Environment system，它更广为人知的名称是SAGE）是一套用于飞机探测和防空防御的工具，其目的是保护北美免受可能的攻击。该系统便是由IBM公司专门为其建造的，并通过当时最大的计算机进行协调。[56] 在冷战白热化时期，SAGE系统控制室屏幕上显示的是事件结果和情境——可能是真实的也可能是模拟的，因为计算机开始模拟那一刻，应对可能出现的热核攻击的反击方案正在被生成。

有趣的是，SAGE系统的发明人正是杰伊·弗雷斯特——那个因"城市动力学"而被反复提及的城市模型先驱。更有甚者，弗雷斯特阐述的城市发展方案依赖与SAGE系统同类型的程序。从一开始，计算机模拟就覆盖了从国防问题到城市甚至环境问题的广泛领域，弗雷斯特的程序也在20世纪70年代早期充当了罗马俱乐部智库关于自然资源枯竭、污染程度加重的设想的基础。[57]

**伦敦警察厅特别行动室(The Metropolitan Police Special Operations Room)，2008年**

一组电视监视器显示由闭路电视摄像机捕捉到的图像。在伦敦，视频监控不仅代表了一种监控手段，也是有关伦敦金融城未来的更广泛设想的一部分，在那里，全球化与安全携手并进，以确保更高的生活质量。

随着模拟技术的兴起,事件的真实发生与可能出现之间的界限越发模糊。约翰·班德汉姆(John Badham)于1983年执导的电影《战争游戏》(WarGames),对真实与虚拟事件之间转换的风险进行了揭示——展望一个SAGE系统遥远的后继型产品,一台超级计算机,再也无法完全区分模拟或真实的攻击(即使它控制的是美国洲际导弹的发射)。尽管现实总是以虚构为基础,数字化的出现使得后者的影响力得到了极大提升。

值得一提的是,《战争游戏》中描绘的是一个青少年电子游戏玩家引发了这场危机——这位玩家入侵了北美防空联合司令部(NORAD)的主机站,然后运行自己喜欢的电脑游戏。电子游戏将它的狂热爱好者们带入一个由事件发生、结果、情境所主导的世界。事件、任务和最重要的战斗,这些设定有助于营造游戏每一回合的沉浸感。在电子游戏世界里,玩家追寻目标、瞄准其他玩家,即使在今天也仍然表现出好战好斗的攻击性特征。它似乎继承了冷战时期所发展起来的一些逻辑,例如人机匹配的重要

**《战争游戏》中的"北美防空联合司令部指挥中心",1983年**

在约翰·班德汉姆的《战争游戏》中,一个核战争模拟游戏在北美防空司令部的主机和电影的主角之间展开。主角是一名入侵了北美防空联合司令部计算机网络的高中生。只有计算机不知道模拟和现实之间的区别。

性,人机匹配产生了赛博格主题以及不可能完全区分的真实、虚构。正是这种不可能,将冷战变成了一场"游戏",在游戏中,各种假设盛行,各种虚构情节努力实现了与事实同等的重要性。甚至比之前的冲突更重要的是,冷战回溯成了一系列宏大的叙事,甚至是元叙事——在面对必须不惜一切代价避免的世界范围内的军事冲突(可能只是潜在的)时,使用武器是合理的。在这个不可思议的事件发生之前,阵营之间冲突的元叙事赋予了区域和局部冲突以及它们所产生的部分叙事以意义。在此,电子游戏再次强调元叙事的重要性,它是玩家参与游戏回合的背景。

事件发生、结果、情境和情节,从城市蔓延至电子游戏。叙事维度是这些不同现实之间的另一个一体化要素,除此之外,风格迥异。不过,强大的社交因素因此也可能被添加进对它们进行归类的成分列表中。从著名的《魔兽世界》(World of Warcraft)开始(2010年巅峰时期聚集了约1200万玩家),许多网络游戏都将自己发展成了社交平台,这样的发展完全与那些批评者的观点——游戏只不过是对反应和适应技能自娱自乐的练习——相反。

这组类比构成了各种以城市空间为背景的游戏的舞台。参与者手持智能手机,在物理世界和数字世界的界面上执行任务,沉浸在日益成为城市体验架构的增强现实中,在这样的架构中,原子和比特强强联合。育碧软件(Ubisoft)2014年发布的游戏《看门狗》(Watch Dogs),以一个必须使用智能手机才能在未来芝加哥生存的角色,唤起这种丰富的城市体验。这是否意味着城市、学校或企业,正在趋于"变得游戏化"(gamified)?从教育到服务,电子游戏逻辑在各领域的应用中引发了诸多对游戏化的讨论。就连我们对这座城市的认知,也同样带着游戏文化传播的印记。

正如人类文化的许多基本方面一样,游戏的概念一直是模糊的。例如,广泛的游戏概念,从免费的儿童游戏、国际象棋、休闲活动到可能考虑其经济与政治利益的体育竞技、世界杯、奥林匹克运动会等,这种延伸的范围到底多大才合适?而数字文化又将其中一些模糊的内容再放大。

**由育碧娱乐软件公司推出的游戏《看门狗》截图，2014年**

游戏当中的英雄角色艾登·皮尔斯（Aiden Pearce）正在使用智能手机。智能手机是这款游戏当中一个重要的元素，皮尔斯能利用智能手机入侵城市中心控制系统。

"严肃游戏"与模拟兴起齐头并进，有意混合了娱乐、竞争的基调，以便学校或企业借此提升学生或员工的反应，检验新策略。更有甚者，在诸多电子游戏中，玩家的真实身份扑朔迷离。谁该对这些问题负责，是那些构思虚拟世界（如《魔兽世界》和《最终幻想》等）的人，还是那些遵循情节预设然后进入战斗的人？如接下来的第2章所示，此一问题与所有智慧城市发展的问题相关。谁来治理这些问题，是通过真实城市尺度游戏来规划城市的决策阶层，还是所有行动都被纳入生活环境的普通人？从管理各种流量的城市（典型网络化城市）到由事件结果、情境、情节主导的（智慧）城市，这一转变伴随着政治的极大不确定性。

# 参考资料

1 IBM Smarter Cities Challenge, http://smartercitieschallenge.org/index.html (2014年11月12日查阅).

2 ABI Research, '$39.5 Billion Will Be Spent on Smart City Technologies in 2016', https://www.abiresearch.com/press/395-billion-will-be-spent-on-smart-city-technologi (2014年12月2日查阅).

3 Giulio Boccaletti, Markus Löffler and Jeremy M Oppenheim, 'How IT Can Cut Carbon Emissions', *McKinsey Quarterly*, October 2008, http://kyotoclub.org/docs/mckinsey_it_ott08.pdf (2014年11月19日查阅).

4 Global e-Sustainability Initiative, *GeSI SMARTer 2020: The Role of ICT in Driving a Sustainable Future*, report of the Boston Consulting Group, December 2012, http://gesi.org/assets/js/lib/tinymce/jscripts/tiny_mce/plugins/ajaxfilemanager/uploaded/SMARTer%202020%20-%20The%20Role%20of%20ICT%20in%20Driving%20a%20Sustainable%20Future%20-%20December%202012._1.pdf (2014年11月19日查阅).

5 Adam Greenfield, *Against the Smart City: A Pamphlet*, Verso (New York), 2013.

6 Richard Sennett, 'No One Likes a City That's Too Smart', *The Guardian*, 4 December 2012, http://www.theguardian.com/commentisfree/2012/dec/04/smart-city-rio-songdo-masdar (2014年11月21日查阅).

7 Rem Koolhaas, 'My Thoughts on the Smart City', edited transcript of a talk given at the High Level Group meeting on smart cities, Brussels, 24 September 2014, https://ec.europa.eu/commission_2010-2014/kroes/en/content/my-thoughts-smart-city-rem-koolhaas (2014年11月24日查阅).

8 Thomas P Hughes, *Networks of Power: Electrification in Western Society 1880–1930*, Johns Hopkins University Press (Baltimore), 1983.

9 Anthony M Townsend, *Smart Cities: Big Data, Civic Hackers, and the Quest for a New Utopia*, WW Norton & Company (New York and London), 2013.

10 Joe W Haldeman, *The Accidental Time Machine*, Ace Books (New York), 2007.

11 Presentation of Citizens Connect, http://www.cityofboston.gov/doit/apps/citizensconnect.asp (2014年12月29日查阅).

12 Presentation of the app 'Ma Ville Dans Ma Poche', http://www.orange.com/sirius/hello/2013/plus-loin-avec-les-nouveaux-usages/ma-ville-dans-ma-poche.html (2014年11月26日查阅).

13 'Paris! Paris outragé! Paris brisé! Paris martyrisé! mais Paris libéré!' Charles de Gaulle, speech given on 25 August 1944 at the Paris City Hall, http://www.charles-de-gaulle.org/pages/l-homme/accueil/discours/pendant-la-guerre-1940-1946/discours-de-l-hotel-de-ville-de-paris-25-aout-1944.php (2014年11月26日查阅).

14 例如参见Mark Shepard (ed), *Sentient City: Ubiquitous Computing, Architecture, and the Future of Urban Space*, MIT Press (Cambridge, Massachusetts) and the Architectural League of New York (New York), 2011 and Valérie Châtelet (ed), Anomalie Digital Arts, no 6, '*Interactive Cities*', HYX (Orléans), February 2007.

15 Nicolas Nova, *Futurs? La Panne des imaginaires technologiques*, Les Moutons Electriques (Montélimar), 2014.

16 Mark Weiser, 'The Computer for the 21st Century', *Scientific American*, vol 265, no 3, September 1991, pp 94–104.

17 关于这个研究和发展方案较新的版本见Adam Greenfield, *Everyware: The Dawning Age of Ubiquitous Computing*, New Riders (Berkeley, California), 2006.

18 Paul Dourish, Genevieve Bell, *Divining a Digital Future: Mess and Mythology in Ubiquitous Computing*, MIT Press (Cambridge, Massachusetts), 2011.

19 https://thingful.net/. 另见Kat Austen, 'Thingful Site Brings Linked Internet of Things to Life', *New Scientist*, 18 December 2013, http://www.newscientist.com/article/dn24771-thingful-site-brings-linked-internet-of-things-to-life.html#.VLuYotE5C50 (2015年1月18日查阅).

20 Weiser 1991, p 94.

21 Alan Curtis Kay, 'Predicting the Future', *Stanford Engineering*, vol 1, no 1, Autumn 1989, pp 1–6 (特别是第1页).

22 William Gibson, *Neuromancer*, Ace Books (New York), 1984; Neal Stephenson, *Snow Crash* [1992], Bantam (New York), 2003.

**23** Vincent Mosco, *The Digital Sublime: Myth, Power, and Cyberspace*, MIT Press (Cambridge, Massachusetts), 2004.

**24** Michael Durham, 'Forty Years From Now … A Glimpse of How Daily Life Might Look in the Smartcity of 2050', *The Guardian*, http://www.guardian.co.uk/smarter-cities/forty-years-from-now (2014年12月1日查阅).

**25** 例如参见Fabien Eychenne, *La Ville 2.0, complexe … et familière*, FYP éditions (Limoges), 2008.

**26** Delphine Cuny, 'Santander: la ville aux 20.000 capteurs, modèle du smart city européen', *La Tribune*, 7 November 2014, http://www.latribune.fr/technos-medias/internet/20141107tribe37bf8af 2/santander-la-ville-aux-20-000-capteurs-modele-du-smart-city-europeen.html (2015年1月18日查阅).

**27** SENSEable City Lab, 'Trash/Track', http://senseable.mit.edu/trashtrack/index.php (2014年12月2日查阅).

**28** Nam Hyun-Woo, Baek Byung-Yeul and Park Ji-Won, 'More Food Waste, More Disposal Charges', *Korea Times*, 4 June 2013, http://www.koreatimes.co.kr/www/news/culture/2013/07/399_136904.html (2014年12月2日查阅).

**29** Randall Stross, 'The Learning Curve of Smart Parking', *New York Times*, 22 December 2012, http://www.nytimes.com/2012/12/23/technology/smart-parking-has-a-learning-curve-too.html (2014年12月2日查阅); 'Nice équipe ses places de parking de capteurs intelligents', *Innov' in the City*, 16 January 2012, http://www.innovcity.fr/2012/01/16/nice-equipe-places-parking-capteurs-intelligents/ (2014年12月2日查阅).

**30** Elsa Sidawy, '*Nice inaugure le premier boulevard "connecté" du monde*', Innov' in the City, 18 June 2013, http://www.innovcity.fr/2013/06/18/nice-inaugure-premier-boulevard-connecte-du-monde/ (2014年12月2日查阅)).

**31** 'Stratégie smart city du Grand Lyon', http://www.economie.grandlyon.com/smart-city-strategie-politique-lyon-ville-intelligente-durable-france.347.0.html (2014年12月10日查阅).

**32** https://nest.com/thermostat/life-with-nest-thermostat/ (2015年1月18日查阅).

**33** Patrice Flichy, *Le Sacre de l'amateur: Sociologie des passions ordinaires à l'ère numérique*, Le Seuil (Paris), 2010.

**34** http://energy.gov/data/green-button (2015年1月18日查阅).

**35** PewResearch Internet Project, 'Mobile Technology Fact Sheet', http://www.pewinternet.org/fact-sheets/mobile-technology-fact-sheet/ (2014年12月2日查阅).

**36** ComScore, 'Smartphones Reach Majority in all EU5 Countries', 5 March 2013, http://www.comscore.com/Insights/Data-Mine/Smartphones-Reach-Majority-in-all-EU5-Countries (2014年12月2日查阅).

**37** Warc, 'Smartphone Ownership Surges in India', 28 February 2014, http://www.warc.com/LatestNews/News/EmailNews.news?ID=32643&Origin=WARCNewsEmail&utm_source=WarcNews&utm_medium=email&utm_campaign=WarcNews20140228 (2014年12月2日查阅); Charles Arthur, 'Smartphone Explosion in 2014 Will See Ownership in India Pass US', The Guardian, 13 January 2014, http://www.theguardian.com/technology/2014/jan/13/smartphone-explosion-2014-india-us-china-firefoxos-android (2014年12月2日查阅).

**38** Gilles Lipovetsky and Jean Serroy, *L'Ecran global: Du Cinéma au smartphone* [2007], Le Seuil (Paris), 2011.

**39** 'Santander City Brain', http://www.santandercitybrain.com/ (2015年1月18日查阅).

**40** 例如2009年秋天，马克·谢泼德（Mark Shepard）在建筑联盟（the Architectural League）的"Toward the Sentient City"展览的核心就是这个概念, http://www.sentientcity.net/exhibit/ （2014年12月2日查阅）; 另见Shepard (ed) 2001.

**41** Antoine Picon, *Ornament: The Politics of Architecture and Subjectivity*, Wiley (Chichester), 2013. 另见第3章.

**42** 例如参见 Caroline Jones (ed), *Sensorium: Embodied Experience, Technology, and Contemporary Art*, MIT Press (Cambridge, Massachusetts), 2006; and François Ascher, *Le Mangeur hypermoderne*, Odile Jacob (Paris), 2005.

**43** Mirko Zardini (ed), *Sense of the City: An Alternative Approach to Urbanism*, Canadian Centre for Architecture (Montreal) and Lars Müller (Baden), 2005.

**44** Michèle Leloup et al, *Pavillon France, Shanghai Expo 2010, Jacques Ferrier Architectures, Cofres Sas*, Archibooks (Paris), 2010.

**45** Christine McLaren, 'The Senseable City: An Interview with Carlo Ratti', http://blogs.guggenheim.org/lablog/the-senseable-city-an-interview-with-carlo-ratti/ (2014年12月2日查阅).

**46** Richard Florida, *The Rise of the Creative Class: And How It's Transforming Work, Leisure, Community, and Everyday Life*, Basic Books (New York), 2002.

**47** 'MIT's Kendall Square Initiative', http://web.mit.edu/newsoffice/kendall-square/ (2014年12月2日查阅).

**48** Brett Goldstein and Lauren Dyson, *Beyond Transparency: Open Data and the Future of Civic Innovation*, Code for America (San Francisco), 2013.

**49** Jay Forrester, *Urban Dynamics*, MIT Press (Cambridge, Massachusetts), 1969.

**50** Colin Harrison and Ian Abbott Donnelly, 'A Theory of Smart Cities', *Proceedings of the 55th Annual Meeting of the International Society for the Systems Sciences* (Hull, UK), 2011, http://journals.isss.org/index.php/proceedings55th/article/viewFile/1703/572 (2014年12月17日查阅); Michael Batty, *The New Science of Cities*, MIT Press (Cambridge, Massachusetts), 2013.

**51** Gabriel Dupuy and Joel Tarr (eds), *Technology and the Rise of the Networked City in Europe and America*, Temple University Press (Philadelphia), 1988; Olivier Coutard, Richard Hanley and Rae Zimmerman (eds), *Sustaining Urban Networks: The Social Diffusion of Large Technical Systems*, Routledge (London), 2004.

**52** Paul Virilio, *Ce qui arrive*, Actes Sud (Arles), 2002 (English version: *Unknown Quantity*, Thames & Hudson (London), 2003).

**53** Société d'Exploitation de la Tour Eiffel, Annual Report for 2013, http://www.tour-eiffel.biz/images/PDF/ra%202013.pdf (2014年12月17日查阅).

**54** 关于旨在指导巴黎及其地区发展的战略叙述，见Pierre Veltz, Paris, France, *Monde: Repenser l'économie par le territoire*, Éditions de l'Aube (La Tour-d'Aigues), 2012.

**55** 'Un bit n'est ni une particule de matière, ni un élément d'idée, c'est un atome de circonstance': Pierre Lévy, *La Machine univers: Création, cognition et culture informatique*, La Découverte (Paris), 1987, p 124.

**56** 关于半自动地面环境系统，参见 Paul Edwards, *The Closed World: Computers and the Politics of Discourse in Cold War America*, MIT Press (Cambridge, Massachusetts), 1996.

**57** Elodie Vieille Blanchard, 'Modelling the Future: An Overview of the "Limits to Growth" Debate', *Centaurus*, vol 52, 2010, pp 91–116.

# 第 2 章

# 双城记

除了强调事件发生、结果和情境外,对智慧城市的探索采取了两条乍看之下可能矛盾的道路。这就好像在同一理想的名义下,在同一城市改造的运动中,利用相同的信息和通信技术,同时浮现出的两个截然不同的项目。第一条道路渴望预测一切,掌控一切,其定位与20世纪50至60年代的控制论相一致。与受新控制论启发,刻意强调技术官僚主义的智慧城市相反的是这样一条路,城市开始赋予市民创造社区生活的能力来恢复当代城市体验中消失的节日感——亨利·列斐伏尔(Henri Lefebvre,情境主义者,法国社会学家)就对这种节日感的消失而深感痛惜。[1]

对城市运行方式程序化的监控，到底是基于对基础设施（从水、环境卫生到交通）更有效的管理，还是利用Web 2.0资源产生自发、协作或欢乐的城市体验？尽管这种对立贯穿在有关智慧城市的大多争论中，但具体问题还要具体分析。这种对立的根源在于事件本身具有的基本矛盾，即事件的可预见性或事件的意外发生。[2] 作为在预先确定可能性范围内发生的事件，它的确在很大程度上可被预见。然而，从复杂技术系统第一次出现故障到政治革命的发生，事件同样被证明有不可预见的变化性，一切预先设想在面对意外时都会失灵。受新控制论启发的城市倾向于支持事件的可预见维度，自发的或协作的城市则依赖它周期性阻挠计算、模型或模拟的能力。事实上，二者皆对事件所产生的影响进行了放大，二者皆属于某方面的单一现实——以数字文化传播为标志。根据所采用形式的不同，信息或通信技术的呈现形式亦有不同，受新控制论启发的城市倾向于喜欢集成平台的开发，而协作的城市则更重视（从手机开始的）移动终端的使用。但是，二者共同依赖于相同的数字基础设施——从传感器、芯片、无线传输、信息处理单元到数据库。重中之重是二者都试图对个体进行动员，尽管原本应该是技术体系去适应个体特征，但二者皆使个体与技术宇宙密不可分。出于同样的原因，赛博格这一主题同时出现在了基于可预见性的与基于居民自发创造潜力的城市中，赛博格即肉身与技术的混合体，构思于冷战时期，流行于好莱坞时期。

尽管，本章看来像是有关两个城市的故事，但这两个城市实际上都应被理解为单一现实的化身，是当前出现的城市单一现实的化身。两个化身证明自己是城市智能两方向发展的载体，且这两个方向绝非互斥而是互相支持。新生的城市智能需要被想象为中央控制模块，也需要被想象为更松散的交换协商结构之间结构的交叉，而这些交换和协商需要更多的网络，甚至是集群。

## · 新控制论的诱惑

在第1章的结尾处，我提到了被理解为一组事件或事件城市的智能城市与电子游戏世界之间的联系。然而，除了游戏化的城市体验，这两种现象间还存在另一种联系，即一种共同的设想。将城市管理者及决策者面临的所有问题归结为管理本身出现的问题，这种颇具诱导性的设想可以追溯到冷战时期，现在则泛称其为"控制论"。该词由美国数学家、麻省理工学院教授诺伯特·维纳（Norbert Wiener）创造，于1948年出版的《控制论，或动物或机器的控制与交流》（Cybernetics, or Control and Communication in the Animal and the Machine）一书中使用该词作为书名。[3]

埃德蒙·卡利斯·伯克利（Edmund Callis Berkeley），《巨型大脑，或能思考的机器》封面，约翰威立出版有限公司（John Wiley & Sons）（纽约），1949年

控制论的兴起和计算机的发展与一种简化论的出现分不开，这种简化论把生活解释为对信息的处理。

起初，控制论的目标是在人类和日益复杂的技术环境间建立更好的耦合关系——从允许它们调节自身行为的反馈回路开始，视人与技术环境为遵循一定数量、一般原则的信息处理系统。在第二次世界大战期间，维纳对防空防御问题的集中研究奠定了控制论这一崭新跨学科领域的基础。[4] 在很长一段时间里，控制论都被打上了军事的烙印。显然，在冷战最激烈时期，尤其需要作战人员适应越来越复杂的武器系统。人类和机器之间某种融合式的操纵方法，这样的设想从未远离。"控制论"一词原本就来自希腊语"kubernetes"，意为船舶的舵手。

控制论的方法，建立在一种对人类与世界坚定还原论的观点之上。在第一批控制论专家的著作中，人脑被描绘成一个离散状态的机器，无比接近计算机。而信息处理与自我调节的中枢则保证了人类与机

何塞·帕迪里亚（José Padilha）翻拍的《机械战警》，乔尔·金纳曼（Joel Kinnaman）在其中饰演主角，2014年

《机械战警》系列电影中的男主角是一名受了重伤的警察，他通过一系列义肢变成了一名几乎不可战胜的战士，从而成为超级英雄。这使得机械战警在好莱坞流行文化中获得成功。尽管《机械战警》的创造者们让它像机器一样听话，但它还是成功地保持了一定程度的自由。他的角色象征着人类思想对不受约束的技术力量的反抗。

器真正共生的可能。出于同样的原因，控制论在一定程度上与研究人类与机器之间通过修复、嫁接、移植，进而产生赛博格（半机械人）的可能性有关。[5] 赛博格，半身幻想半身军工，冷战军工设备研究的幻想产物，后来又成为美国科幻电影中极受欢迎角色之一。从雷德利·斯科特（Ridley Scott）1982年的《银翼杀手》（*Blade Runner*）、保罗·范霍文（Paul Verhoeven）1987年的《机器战警》（*RoboCop*）（续集发行于1990年和1993年，2014年进行翻拍），到1984年开始的詹姆斯·卡梅隆（James Cameron）的《终结者》（*Terminator*）系列，电影中的康纳家族肩负着消灭可怕的肉、硅、钢混合机器的重任。[6]

从诸多方面来看，电脑或控制台上的游戏玩家就是早期控制论驾驶员的继承者们。敏锐的反应结合信息的快速处理，正是控制论方法的目标之一。而在控制论发展的过程中，在学术研究与军事项目的边界上，控制论试图以SAGE系统为模型驾驭日益复杂的技术环境。飞机驾驶舱，可能就是第一批控制论驾驶员最热衷的栖息场所，他们效仿半机械人，虽然还未拥有假肢但是能依靠驾驶舱辅助内化机器功能的逻辑，使控制室和操控中心成了新的人类与技术融合的场所。1950年到1970年这段时间，人们为这些场所神魂颠倒。[7] 不计其数的文章、纪录片及科幻电影，催生出美国国家航空航天局（NASA）控制室和北美防空联合司令部指挥中心的衍生品，这两个第二次世界大战作战室的继承者已经在实现目标及实现目标所需数据方面展现了世界的愿景。控制室和指挥中心似乎奏响了新世界的序章，信息是至高无上的，人类和机器共同沉浸在这种全新的流动环境之中。不过，在某种程度上，这样的新世界已然具体化，形成了那些奇异的视窗（屏幕），而无处不在的屏幕似乎也预示着当今无所不在的计算。电脑游戏的某些方面让人回想起控制室或指挥中心的世界，玩家在游戏中对多个窗口不同参数的管理，就像一个将军在数字、地图以及图表组成的地下掩体安全之地中协调他行进的部队。

**科罗拉多州夏延山的北美防空联合司令部指挥中心，2005年**

真实的北美防空司令部指挥中心不像1983年的电影《战争游戏》中那样戏剧化，但它是一个典型空间。在这个空间里，人们通过信息的镜头来感知世界，只有赛博格般的生物才能完全掌握这种无穷无尽的事件结果和事件情节。这种空间在冷战期间成倍增长，目标是研究人类、信息系统和机器之间更有效的耦合。

20世纪50年代和60年代,控制论是一门包罗万象的学科。它倾向于与系统论结盟并分享一种还原论的世界观,分享一种反馈回路与自我调节的概念。后来,它引发了第一次有关于人工智能的研究。无论怎样,就应用领域而言,控制论的传播非常迅速。也正是在这种与系统论密切相关的背景下,出现了将其创立原则应用于城市的大量尝试。[8] 第二次世界大战后

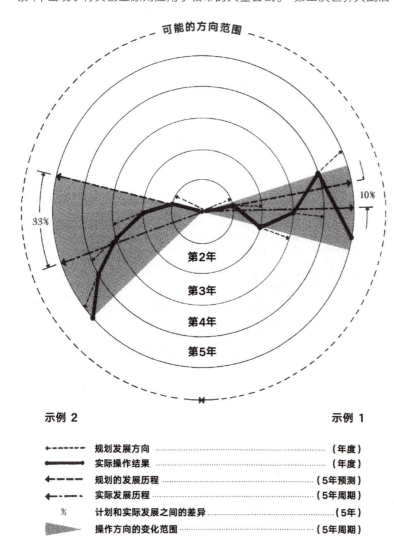

梅尔维尔·坎贝尔·布兰奇,将可持续城市规划的成果概念化,摘自《可持续城市规划:整合城市管理和城市规划》,约翰威立出版有限公司(纽约),1981年

梅尔维尔·布兰奇提出的"可持续城市规划"概念,在很大程度上归功于控制论高效操作的理想。城市规划和飞行员任务之间的类比通过演示得到进一步加强,在这个演示中,城市最终的演变似乎是背景上的轨迹,就像雷达屏幕。

智慧城市:一种空间化的智能

的几十年间，纽约、洛杉矶、华盛顿或美国其他许多城市，无不沿着这条道路试验探索。[9] 而为了对城市进行这样的试验，民选官员或技术人员召集一些智库，这些智库也在规划大型军事项目方面证明过自身的能力，其中就有最初由美国空军资助的兰德公司（RAND Corporation）。如果城市可以被比作复杂的有机体，或者人体组织与技术基础设施的混合体，那么为何不想象像驾驶坦克、驾驶飞机或主导战略装备的政策那样引导、定位城市未来的发展方向呢？

同样，又为何不设想一个城市控制室，沿袭军事指挥所的路线并在此展示城市管理所需的信息呢？拉莫-伍尔德里奇公司（Ramo-Wooldridge Corporation，一家主要负责导弹项目开发的公司），在军备项目管理方面走了一段弯路后，于20世纪60年代初借由美国城市学家梅尔维尔·坎贝尔·布兰奇（Melville Campbell Branch）取得突破，当时他为诸如洛杉矶一类的城市提出了一个规划中心。[10] 约十年之后，在萨尔瓦多·阿连德（Salvador Allend）领导下的智利对此进行更进一步发展，一个设想服务于智利经济的计算机化控制规划室在英国控制论者斯塔福德·比尔（Stafford Beer）的指导下诞生。规划先是针对大城市，之后是针对整个国家。不同于布兰奇的城市规划中心，智利的赛博森（Cybersyn）项目几近完成，尽管1973年的政变缩短了其试验进程。[11]

布兰奇的规划中心与赛博森控制室要求的是事件及其结果的可视化，而非像操控中心那样只简单地对事物可视化。鉴于复制在很大程度上参照的是原始作战室的模型，由因及果，这类提案在某种程度上显得过时。即便如此，对作战室模式的复制在过去几年中仍是热门话题。事实上，在一些智慧城市发展项目的背景下，受完全类似来源所启发的规划提案再度出现。

"在离科帕卡巴纳海滩不远的地方，有一间控制室，看上去就像从美国国家航空航天局走出来的一样。"[12] 《纽约时报》一篇有关IBM为里约热内卢设计的新运作中心的报道，由此展开。值得一提的是，IBM智慧城市部门创建该中心的最初动力来自2010年的一场自然灾害——一场由风

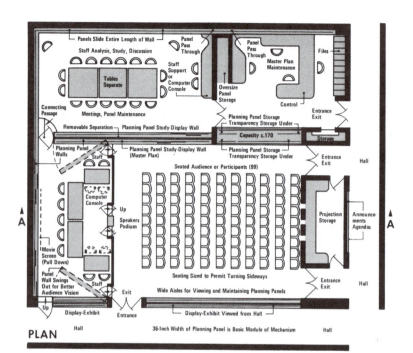

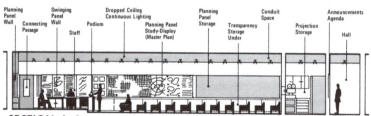

梅尔维尔·坎贝尔·布兰奇,洛杉矶城市规划中心,摘自《可持续城市规划:整合城市管理和城市规划》,约翰威立出版有限公司(纽约),1981年

布兰奇在20世纪60年代对洛杉矶城市规划中心的设想在很大程度上依赖于军事控制室或作战中心。在这个封闭的空间中城市以信息驱动系统的形式出现。

暴造成的洪水及山体滑坡揭示了应急服务机构彼此之间缺乏协调。该中心运行着一个可以预测城市各地区降雨量的复杂天气预报程序。它接收来自主要公共区域和地铁站的视频图像;还有用来显示交通事故和停电的地图。简而言之,一切有可能对公共秩序产生干扰的事物都可被呈现。

相对于冷战时期,新控制室的创新在于可以实时视频覆盖的范围。未来几年内,这项创新会使覆盖范围越来越大。可以想象,在武装部队现有情况下,干预小组将会配备上摄像机。也正是得益于越来越多的士兵携带视频采集设备，隐蔽于地下指挥所的将军能够对部队的行进及地面所遇障碍完成跟踪。里约热内卢的运作中心虽然还未将触角伸得那么远，但事件结果已经以统计形式、地图上的闪烁点及视频的方式呈现。

对于IBM及其竞争对手（例如在松岛建设中扮演重要角色的思科系统）而言，即使这些公司提出的解决方案远远超出了这些集权项目本身的范围，但实现这类项目仍具有象征意义。这样做的优点在于能够以最引人注目的方式展示"智慧城市"的应用程序有能力让城市得到更高效的控制。这些受新控制论启发的控制室旨在全神贯注地协调和处理智慧城市的传感器和摄像机提供的大量信息，这与模拟城市（SimCity）这样的电脑游戏世界并无不同，玩家不仅要建造城市，还要保护城市免受洪水和外星人入侵等灾难的影响。类似的关系在西蒙达因（Simudyne）等公司的做法中表现得更明显：西蒙达因擅长为企业建造模拟平台，目前正把目光投向城市领域。正如该公司在网站上所写的那样，"我们建立制定、测试和理解决策的场所。创造与真实世界相匹配的决策空间……作用于现实世界，作用于决策空间。"[13] 控制室也好，计算机模拟也罢，全都渗透着理性管理的理念。而相同的理念还激发了西蒙达因与纽约大学城市科学与进步中心合作开发大型数据收集项目——纽约新哈德逊广场区的智慧城市部分。这一项目旨在通过建筑物、传感器，以及智能手机应用程序从用户那里收集信息，从而更好地了解城市运作的方式。[14] 大数据与新控制论是相互吸引的合作伙伴。

眼下，我们可以很容易地对新控制论方法的诱人之处及其局限性进行详细讨论。就诱人之处而言，里约热内卢市长爱德华多·派西（Eduardo Paes）发起的举措对官员及市政技术人员具有显而易见的吸引力，通过信息的集中处理与对不同发展场景的探索，办公效率可以显著提升。再比如法国东部城市尼斯的"互联大道"或哈德逊广场的智慧城市部分，可以说倡议推动者对这种前景不是没有兴趣。

而至于局限性，则可参考美国建筑师克里斯托弗·亚历山大（Christopher Alexander）的名言："城市不是树"，这里的"树"指的是逻辑树，

当然城市也不是一个系统。¹⁵ 新控制论的诱惑建立在对城市过分简化的方法上：这种方法的操作性很可能令人失望，除了基本基础设施的维护和实地干预（如警察和消防队）的协调。而且，这样的协调与干预也是里约热内卢运作中心的主要举措，成功与否当然取决于实际情况：2013年世界青年日组织期间，从教皇抵达时遭遇的交通堵塞到大雨导致的节目中断，当时出现的情况可见一斑。我们离布兰奇式的信息驱动城市全面监控与规划还有漫长的道路要走。

城市不是一个系统，至少不是一个只涉及有限数量参数和反馈回路的系统（尽管这正是建模者所钟爱的）。尽管，新控制论带来的启发与

**IBM为巴西里约热内卢设计的运作中心，2010年**

里约热内卢运作中心似乎是冷战控制室的接替物。屏幕上显示城市中发生的事，用以触发适当的响应。整个设施似乎被认为是一种最纯粹的控制论的理性导向工具。

1950年至1970年间重新启动的城市建模实践是密切相关的（如前一章所述），但这些城市模型化的实践似乎不太可能带来城市一体化的管理。恰恰相反的是，尽管存在局限性，但新控制论的启发的确是构成智慧城市的要素之一——在监控网络、维持秩序和抗击自然灾害等领域，新控制论引导的城市建模是必要且贡献突出的。当城市建模与数据挖掘的实践相结合时，迄今为止被忽视的城市功能的维度就可以被揭示。我们需要提防的不过是在整合尝试中过分极端的行为，因为这些行为将最终危及监测和干预行动的可行性。最重要的是，我们必须确保这种一体化倾向不会妨碍其他方向的发展。

## · 赛博格城市的设想

让我们暂且搁置对这种前景的利弊的讨论，来看看它对"智慧城市"一词而言的意义所在。第一个在科幻小说中大量出现的设想，是比如操作纽约的人工智能LA或《2001：太空漫游》中的电脑HAL 9000这类人工智能的逐步建立。当然，智慧城市发展的可行性与潜在的危险性亦不可否认，类似的人工智能的设想根本得不到智慧城市研究与开发人员的支持。

再者，就可行性而言，我们距离美国工程师雷·库兹韦尔（Ray Kurzweil）所预示的"技术奇点"（technological singularity），即机器智能超越人类智能的时刻，还有很长的路要走。[16] 最重要的是，即便是这一时刻即将来临，这些机器智能也得比人脑更复杂，才能理解、控制城市有机体。即便是高度发达的机器也不可能比创造出它们的人更了解城市。至于这类发展是否可取，电影和小说一再警告我们提防数字老大哥的风险，这些数字独裁者的目标可能与我们的目标大相径庭。人类利益与智能机器利益之间的分歧，正是《2001：太空漫游》、《终结者》和《黑客帝国》等影视作品的主题。而在BBC（英国广播公司）的一次采访中，英国天体物理学家斯蒂芬·霍金（Stephen Hawking）表露出比这些已经很悲观的设想更为悲观的理解,他断言:"全面的人工智能的发展可能意味着人类的终结。"[17]

在这些世界末日一般的愿景背后,我们可以想象有限形式的人工智能承担部分的管理任务,不会危及人类未来。毕竟,一系列城市的基础设施已经在以自动化的方式运作。如此一来,我们就会发现自己面对的是一群发展程度较低,权力受限,且受人类操作员监督的智能形态,而非令人心惊胆战的数字老大哥。不过这些发展程度较低的智能仍然能够与操作者对话及彼此对话。如此一来,全能又独立的机器模型将被一种会话的形式所取代。更有可能的是,智慧城市是由人类利益相关者与具有一定推理能力的程序彼此互动而呈现的,不是什么集中处理的结果。

与此同时,依据控制论的传统,似乎还可设想另一条路径,以便从新控制论管理的角度勾勒出智慧城市的具体含义,那就是赛博格。因为,除了对人工智能的完全依靠,城市基础设施越发依赖复杂的数字工具,我们还不得不设想人类利益相关者与城市基础设施间的耦合。这种情况下的智慧城市将是一个赛博格城市。我们还未弄清此种耦合(或者更确切地说是混杂合作)是如何产生的,但最重要的是针对这种赛博格城市中人类成分的范围以及组织,我们必须提出疑问。

在过去十五年间,以赛博格为主题,分析当代城市的想法,启发了诸多作者。1998年,我在一篇题为《赛博格领土的城市》(The City as Cyborg Territory)的文章中提出,赛博格可用以代表今天的城市——一个被数字网络包裹且越发分散的城市,为了更好地理解构成城市环境的逻辑及与之相对应的个人体验的深刻本质,可以参考文艺复兴时期理想城市人物的形象。[18] 在新形式的主体性和建立在数学及透视基础上的对客观世界的秩序建构之间,文艺复兴时期的人反映了一种卓有成效的信息互通;而赛博格则彰显出个人在数字时代对技术更大程度的依赖。2003年,麻省理工学院教授威廉·米切尔(William J. Mitchell)出版的《Me++:赛博格自我与网络化城市》(Me++: The Cyborg Self and the Networked City)也对此有所提及，因为赛博格能够表达人类与日益发展的技术之间的不可分离。[19] 有关这一话题，米切尔从英美人类学家及控制论专家格雷戈里·贝特森（Gregory Bateson）的作品，尤其是其于1972年出版的散文集《迈向精神生态》（Steps to an Ecology of Mind）中找到了灵感——必须超越个体自给自足的观点，个体应该被视为复杂的环境或生态系统，以原子、数据位及电磁波构筑的连续层自身，通过衣服和墙壁连接无线网络。[20]

尽管这种类型的方法以个人为中心，但英国地理学家马修·甘迪（Matthew Gandy）与埃里克·斯温格杜夫（Erik Swyngedouw）正开始将赛博格主题应用于城市基础设施的转变。[21] 斯温格杜夫尤甚，他引入了新陈代谢的概念，以解释当代城市新的运作模式，包括生物和技术方面。

新陈代谢的概念趣味非凡，人类与城市基础设施、卫生甚至起源方面的耦合得到了强化，这与法国哲学家米歇尔·福柯（Michel Foucault）于20世纪70年代中期所预示的"生命政治"（biopolitical）时代的来临相一致。[22] 在这方面，2003年反常肺炎流行期间，新加坡政府要求该国各领域全体人员（尤其是学生和军人）每天测量体温。[23] 更进一步，麻省理工学院感知城市实验室的一组研究人员设计了一套连续监测污水的系统，该系统依赖于对人体微生物群（与人类共生的细菌、真菌或其他微生物集合）的统计分析，而这需要从城市废水系统中定期取样。[24] 除此之外，初创公司MC10与爱立信合作，开发了一款名为"生物邮票"（Biostamp）的传感贴纸，以用于收集、传输体温、心率、大脑活动及紫外线辐射等数据。[25] 一个新的阶段早已出现，从日本到瑞士，世界各地都在探索类似的项目。

在传统监控技术和推陈出新的诊断筛查工具重大抉择关头，从生物统计学到DNA测序，可以想象这座城市和居民之间的关系会越发密切。城市新陈代谢的概念日趋重要。赛博格城市的设想让我们想起这个城市即将成真的新陈代谢景象。

事实上，赛博格的概念长久以来都适用于个体：在人与机器混杂合作的设想中通常由人的部分来执行感知与决策功能。[26] 这种人类地位的至高无上使得美国人类学家唐娜·哈拉维（Donna Haraway）在其于1985年发表的"赛博格宣言"中，戏剧性地颠覆了以往对赛博格的解释，该文后来也成为社会科学领域的经典之作。[27] 哈拉维并未视赛博格为由军工机器打造、控制的生物，而是将其视作一种可能带来解放的英雄，这与其混杂的性质本身有关：跨越边界，无关性别与阶级。

在赛博格城市中，全员皆为赛博格。赛博格城市还必须被想象成一个混杂的集合体——由人类群体与技术设备在不同尺度上形成的集合体。技术设备的存在使得谈及赛博格的基础设施、网络及社区成为可能。而赛博格的特征也就是能够从个体传递至社区，由基础设施转换至复杂网络。上述混杂实体的交织使人想起莱布尼茨对"有机生命有如机器"的释义：最小的齿轮本身就是机器，而这些机器又被嵌套进其他机器中。[28] 尽管有莱布尼茨所解释的引人入胜的生活特征，但人类与技术的混杂无法完全解决赛博格城市的管理问题，而这也将不可避免地成为一个政治问题——我们不禁要问，是谁，通过何种手段，指挥着这样的城市？

人们很容易回到对话模式，将城市人口视为试点，或者更确切地说，将其视为一组试点，每个试点负责一个特定领域，并按照对话的思路相互交流。只不过，这种观点无法真正解决政府问题。如何作出超越单纯的协调优化，并且不会对相关方造成不利影响的决策？在当前的意识状态下，我们得接受对所知政策的依赖，也得接受对算法的依赖（能够综合个体需求及愿望的算法的依赖），也就是说，数不胜数的意图、计划都影响着城市的管理及城市的发展方向。

当新控制论的诱惑与赛博格城市的假设被推向极致时，天平就会倾向选择赛博格城市的一端，尤其是在Web 2.0时代，传统民主政治的局限性日复一日地为其加码。正如法国电信研发中心社会学家多米尼克·卡尔顿（Dominique Cardon）所述，互联网本身并非通过民主的手段管理，人们也极少会为网上的辩论投票表决。[29] 但没有完全回到集成和优化的自动程序，我们需要在现实中设想一种混合式的解决方案：算法的功能发挥受到人类组织的调节，而人类组织有能力纠正算法的过度行为。在这个将构成真正城市政府组织的核心的某个地方，需要一个专家机构，以确定对城市进行管理时需要考虑的参数，规范信息生产程序和规则，优化需求和愿望。而这些专家将成为这座城市真正的驾驶员。

不过，在这种情况下，很难想象如何避免上游政治产生的技术官僚主义陷阱，这将制定出新的游戏规则：在这个精彩绝伦又严肃的游戏中，有一个庞大的系统管理着城市。来自学界和商界的专家，比如伦敦时任市长鲍里斯·约翰逊（Boris Johnson）于2013年创建的"智慧伦敦董事会"，该董事会的智慧伦敦计划（Smart London Plan）旨在制定英国首都在数字技术应用方面的战略。[30] 当然，目前这些专家的决策权仍然有限，且官员们也重申市民才是他们战略方针的核心。但未来也会如此吗？如果任其自由发挥，新控制论的诱惑与赛博格城市的设想将导致对城市领域的技术官僚式管理，甚至导致将政治简化为对事物的合理管理，就像18世纪法国政治经济学家亨利·德·圣西门（Henri de Saint-Simon）及其追随者于19世纪初所言，以及对事件的管理：发生了什么。[31]

## • 自发的城市、协作的城市

技术，很少会像自然约束那般成为影响历史进程的不可避免的因素。要确信这一点，只需要牢记一个事实，即大量水力资源的调动并不一定会导致专制——德裔美国历史学家卡尔·奥古斯特·维特福格尔（Karl August Wittfogel）将古代美索不达米亚及埃及的例子上升至普遍意义时所描述的那种专制。[32] 荷兰的水坝、堤坝和围垦工程就是这种情况的反例。事实上，技术在很大程度上表现出的是社会与政治的不确定性。在智慧城市的案例中，这种不确定性的表达既不是技术官僚管理，也不是赛博格城市，而是另一种模型，一种与新控制论模式相反，又同样存在于当代城市景观中的，对自发协作的渴望及体验。

即使智慧的城市早有防备，聪明的暴走族（人们通过社交网络和移动电话动员参与者,使公共场所的突然集会成为可能)所取得的成功也证明了对自发表达的渴望,而这种渴望在公开演讲或集体行动的通常框架中无法被满足。[33] 这样的行为似乎与情境主义者及亨利·列斐伏尔复兴城市节日感的夙愿有关。如果城市的权利从根本上来说也是示威或庆祝的权利,又会怎样呢?与城市被规划得像运转良好的机器相反的是,城市优先考虑创造性地动员其市民。

有了聪明的暴走族和更具艺术倾向的快闪族,我们很可能会反问,对城市事件的准备是否更多地属于程序领域而非根植于真正的自发性。从

在维尔纽斯(Vilnius)老城举行的欧洲电视网(Eurovision)快闪舞瞬间,2010年

快闪族是另一种智慧城市的象征,在这种城市中,数字技术将成为激发城市自发性的平台。

最广泛的意义来说,数字领域可以作为真实事件的基础。利用信息通信技术对城市居民进行动员,然后快速占领原本具有政治特征的公共空间,从开罗的塔里尔广场到伊斯坦布尔的塔克西姆广场,这其中的密切关系发人深省、引人深思。在这里,没有什么能强迫我们必须沿着自上而下的新控制论模式管理城市的设施与新陈代谢,并以此去感知电子世界与物理空间的联系。

对协作的渴望可能比对重塑自发性的渴望更有意义。其最为受欢迎的表现形式之一便是多人参与协作的企业蓬勃发展,Web 2.0的出现不但带动了这些可能,还形成了另一条通往智慧城市的通路。比如,"开放街道地图"这样的业务已在全球范围展开,作为一个依靠自愿参与开发的免费地图数据库,在2015年初的用户数量就已接近200万。[34] 世界都在效仿

**米尔顿凯恩斯的"开放街道地图"绘制聚会,2009年5月16日至17日**

这显示了绘制聚会的各个贡献者留下的跟踪。他们每个人都配备了具有记录功能的全球定位系统(GPS)接收器。这次聚会的目的是增加城镇的道路网络,以及一些名胜古迹,如酒吧和主要的零售大楼。

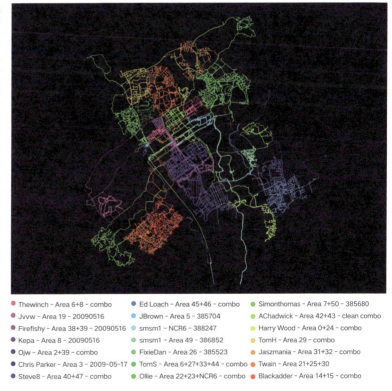

- Thewinch - Area 6+8 - combo
- Jvvw - Area 19 - 20090516
- Firefishy - Area 38+39 - 20090516
- Kepa - Area 8 - 20090516
- Ojw - Area 2+39 - combo
- Chris Parker - Area 3 - 2009-05-17
- Steve8 - Area 40+47 - combo
- Ed Loach - Area 45+46 - combo
- JBrown - Area 5 - 385704
- smsm1 - NCR6 - 388247
- smsm1 - Area 49 - 386852
- FixieDan - Area 26 - 385523
- TomS - Area 6+27+33+44 - combo
- Ollie - Area 22+23+NCR6 - combo
- Simonthomas - Area 7+50 - 385680
- AChadwick - Area 42+43 - clean combo
- Harry Wood - Area 0+24 - combo
- TomH - Area 29 - combo
- Jaszmania - Area 31+32 - combo
- Twain - Area 21+25+30
- Blackadder - Area 14+15 - combo

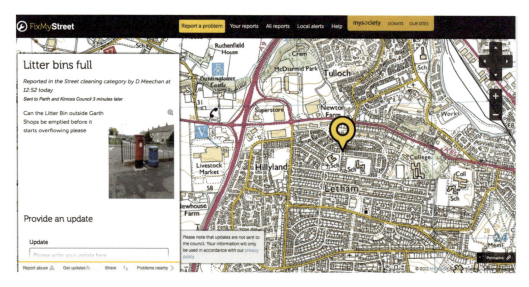

英国"修复我的街道"网站截图

这种类型的网站现在在世界上所有的主要城市中都很常见。在巴黎就有一款名为DansMaRue（在我的街道上）的应用程序可以在网络和智能手机上运行。

这一做法，比如英国人可以利用"修复我的街道"（FixMyStreet）网站来标示自家附近不论街道坑洞或下水堵塞这样的公共空间损害。[35] 澳大利亚、加拿大、韩国、希腊、日本、瑞典、瑞士和突尼斯也有本地版的"修复我的街道"，甚至还有很多基于类似理念却对此只字未提的网站。就这些网站而言，比如"位智"（Waze）就能通过司机们实时分享交通和路况信息来互相帮助。[36]

城市都在这样的网站进行交流，但对于私人和公共项目，众筹实践得到了发展。尤为突出的是教育与共享空间数量的增加，例如最初由麻省理工学院比特和原子中心（Center for Bits and Atoms）推出的制造实验室或微观装配实验室，人们可以在此学习数字制造的基础知识，共享文件与技术，测试或新或旧的合作模式。[37] 这些交流和实践日益丰富并有助于记录城市的体验。与受控制论启发的模式相反，这里的模式创造出一个建立在个体讨论沃土之上的智慧城市，比如大型的维基网站就往往以自我调节的模式完成讨论。在巴西的里约热内卢，运作中心自上而下的逻辑在自下而上的方法中找到了对应，这也是"我的里约热内卢"（Meu Rio）等项目的基础。从反对驱逐到保护地方学校，"我的里约热内卢"让城市居民联合起来为所珍视的事业而奋斗。[38]

尽管自发协作的智慧城市的纲要可能会比它的对手（受新控制论启发的）要模糊得多，但它仍构成一种选择，同样该被认真对待。在这方面，像IBM或思科这样的大企业正在开发旨在支持更多城市领域协作的平台，尽管对协作所设想的程度仍然有限，但做法可取。

但是，这种自发参与的城市与其竞争对手一样，仍有灰色地带。首先在于，即便只是为了修正协作的一般框架或协议，但其多数时候都以一定程度的中央集权控制为前提。前一章讨论过的汤森的"公民黑客"便经常扮演这一中控角色，而总有一天，中控的权力会被强化至形成一种比表面上更为专制的政府，这种风险一直存在。[39] 以脸书为例的社交网络早已经受到质疑，马克·扎克伯格（Mark Zuckerberg）及其团队于社交网络中的统治地位无可置疑；同样的问题也同样出现在为社区、学校和镇议会提供工具，收集意见以促成公众辩论的MindMixer这样的企业面前。[40] 其次，在大多数协作性质网站上贡献者的数量少得可怜，"开放街道地图"就只有1%的用户是贡献者。[41] 更令人尴尬的是，参与者的分布极其不均：

"位智"网站截图，2014年

位智社区的用户可以通过在社区编辑的简单地图上发布通知，提醒其他用户限速、交通事故、交通堵塞，甚至是最优惠的汽油价格的信息。

核心参与者是积极性与工作效率双高的贡献者,但还有大量没有投入那么多的贡献者,他们只是偶尔参与。

而大规模的协作网站本身也不可被想象为只号召个体参与。他们中的许多人同样依赖于自动软件程序或机器人程序的广泛使用,这些程序能帮助参与者纠正拼写错误或监控稿件质量。维基百科便是正面教材,它在全球有着数量庞大的忠实参与者(2015年初就有近2400万贡献者注册)以及与之相匹配的贡献成果质量,它在诸多方面都不失为最成功的参与式企业。[42] 美国传播学专家斯图尔特·盖格(R. Stuart Geiger)、大卫·里贝斯(David Ribes)、亚伦·哈福克(Aaron Halfaker)以及约翰·里德(John Riedl)就以一系列颇具启发性的文章描述了文献修订的三层级结构:基础层级的文献修订来自机器人程序的贡献;中间层级则是人与计算机程序的共同修订;最后是最高级的——人类主宰修订一切。[43]

这一文献修订的例子启发我们不该视本章所论述的两种城市完全对立。自动化计算机程序和赛博格式的组合在受新控制论启发的城市与赛博城市中并存,这两种城市互补而绝非对立。在城市中的某些领域,例如像地铁这种大型综合自动化系统的运行,有限数量的例子就足以说明新控制论类型的管理有时比市民参与更为可取。但在大多数情况下,最好还是依靠个体的自我组织和合作能力,即使其贡献可能会受到被提供工具的限制,如MindMixer等公司。

如果受上层规范管理的城市与或多或少以维基或糅合方式自发协作的城市间仍有差异,那是因为另一个更为根本的问题被重新提起,即今日的男男女女本身如何看待自身的身份,以及它的演变。正如美国城市社会学家罗伯特·帕克(Robert Park)所言,"城市与城市的环境,代表着人们最坚定、最成功的尝试——按照内心的愿望对所生活的世界进行重塑",他还恰如其分地补充说:"在塑造城市的过程中,人们重塑了自身。"[44] 即便只是因为愿望从来都不明确,这项事业也绝非易事。个体的问题是智慧城市矛盾的核心,就像赛博格的形象一样,从中,人们可以依次看到一个被巨大的商业、工业和军事机器奴役的象征物,以及从这些系统给我们带来的约束中彻底解放的可能性。关键在于，我们谋求塑造的是什么样的智慧城市？

如果要使城市可持续发展，究竟应该向什么方向发展？这些提问无异于质问我们自身，而并非仅针对数字时代提问：在数字时代到来的那一刻我们究竟变成了什么，我们需要再次避免技术决定论陷阱。最重要的是直面问题，直面自身——未来，我们想成为什么。

## • 数字个体

我再说一遍：智慧城市格外看重个体的重要性。首先，通过生物特征识别，数字技术能精准确认每个个体，进而对抗从身份盗窃到恐怖主义的各种威胁。再者，通过基站间的三角测量，可以在任意时刻对手机进行地理定位（我们很快会讲到这个话题）。而在新加坡、伦敦以及斯德哥尔摩，通行费或拥堵费则有针对性地以汽车作为目标进行定位。最后，信息、通信技术以及一整套的检测监视方法互相作用，不论是在物理空间还是线上空间，人们的活动都能够被追踪。

数字技术与当代社会向个人主义的转变有关，正如过去二十多年来许多社会学家所指出的那样，数字技术与当代社会向个人主义的转向息息相关。[45] 麻省理工学院媒体实验室创始人尼古拉斯·尼葛洛庞帝（Nicholas Negroponte）在其1995年的畅销书《数字化生存》(*Being Digital*) 中，就将此观点列为主题之一。[46] Web 2.0暗示着内容的日益个性化，个体也在城市体验强化的关键维度中发挥着核心作用，比如感官判断。即便只是为了说服个体去消费，可被感觉的城市也对个人有特别的针对性。受过教育的个体与有才能的个体被视为知识经济的驱动力。除此之外，最重要的是他们影响着城市可持续发展的可能性，而可持续发展也需要个体的承诺——将家庭废物分类等工作所依赖的价值观与行为守则内化。

面对贯穿智慧城市的理想与理想实现过程中的紧张局势，数字时代的个体似乎本身就是矛盾的。尽管冷战结束后军事领域退居幕后，但赛博格的形象仍有助于更好地理解一些矛盾：从对工业机器或商业机器命令不断增长的服从，到坚信有可能摆脱它们的控制。亚马逊、苹果、易贝、脸书、谷歌或推特，将自身逻辑强加于数亿客户，而这些客户又无法摆脱同时被允许个性发展的感觉。社交网络就是这一状况的典型案例，本身就是自相矛盾的。几乎所有脸书用户都对马克·扎克伯格公司的保密规则带给

**面部识别软件中女性的面部线条**

从指纹和视网膜扫描到面部识别，出于安全目的的个人身份识别显示了各种硬件、软件公司蓬勃发展的业务。

私人生活的威胁感到震惊，但是，对于网络中诸多成员而言，私人的生活正是通过个人页面的更新来建构的。

除了数字时代个体自身的矛盾，另一个矛盾也与之不可分割：一方面我们对技术严重依赖；另一方面为了完全成为命运的主人，我们对技术有控制的野心。一方面，赛博格的存在离不开技术的支持；另一方面，赛博格又声称自己不是技术的俘虏。这种矛盾甚至出现在赛博格主题与数字技术之前，甚至几乎与工业时代的技术一样古老——处于奴役人类边缘的同时还保留着一种解放的特质。从19世纪最初的几十年开始，工厂早已在异化中沦陷：为整个社会提供机会，又特别为年轻女性提供机会——因为带薪工作得以摆脱传统家庭关系的束缚。19世纪30年代初，圣西门主义经济学家米歇尔·谢瓦利埃（Michel Chevalier）在访问马萨诸塞州洛厄尔市的工厂时，就注意到了这种双重性。[47] 正如卡尔·马克思（Karl Marx）在1867年的《资本论》（*Capital*）中所分析的那样，工厂将无产阶级与机

**摩天大楼屋顶上探测交通流的安全摄像头**

在城市里，监控摄像头和红绿灯一样普遍。它们监控个人及其他现象，如汽车交通。

**墨西哥蒙特雷的警察监控，2014年12月18日**

在蒙特雷警察学院举行的一次媒体发布会上，民事部队警察单位的成员对监控摄像头进行监控，以展示墨西哥联邦政府希望在全国推广的警察模式。

器捆绑在一起，而谢瓦利埃的工厂则让女工们从父亲、兄弟或丈夫的枷锁中解放出来。⁴⁸

数字技术为异化与解放的混合增添了一味新的佐料。但也多亏了Web 2.0的乘数效应，数字技术似乎最终也提供了对命运自由选择的能力——个人意见的表达不必再经受机构、专业公信力或社会地位的过滤。尽管法国社会学家弗朗索瓦·德·桑格利（François de Singly）断言，现代性的终极使命在于成为自己，但必须承认，来自另一位法国社会学家帕特里斯·弗里奇（Patrice Flichy）的"业余爱好者的贡献"亦为此增添了新的动力。⁴⁹

不过，赛博格亦有局限——数字技术的到来与当今社会个人主义倾向所暴露出的矛盾冲突无法完全简化成赛博格的主题。其他强调个体内在多样性而非机器混合前景的方法同样需要发挥作用。而与人类和技术间日益密切的关系所产生的张力相比，这些方法中所包含的张力则截然不同。

当代神经科学已不再视大脑为一个中央信息处理单元或一种符合智能控制论表征的巨型计算器。包括自我意识在内的大脑活动，似乎源起于网状系统内部一系列复杂的相互作用，其组织和功能让人不禁联想到互联网。在一部描写一位名叫韦伯的精神病学家的小说中，美国作家理查德·鲍尔斯完美地总结了这一诱人比喻的内容。在一部描写心理医生韦伯的小说中，美国作家理查德·鲍尔斯（Richard Powers）对这个引人入胜的类比进行了完美总结。"他知道该怎么做，"鲍尔斯写道，"纵观历史，从蒸汽机、电话交换机到电脑，大脑一直被比作最先进的技术。现在，当韦伯接近职业顶峰时，大脑变成了互联网，一个分布式的网络，有超过200个处于松散状态且互相修改颤振的模块。"[50] 同样类型的解释亦适用于身体作为整体时的功能。

除了基本的生物多样性，还有存在于关系网中生活的多样性——从家庭、职业到友谊，不同的人际网络对应着不同的身份。从一种环境到另一种环境，我们揭示出自身截然不同于英雄的形象——长期以来对个性的削弱。对此种多样性的另一表达方式可依据格雷戈里·贝特森（Gregory Bateson）提出的准则，即视个体为一个环境甚至是一个生态。作为一名人类学家，贝特森试图调和控制论的遗产及其对文化的态度，因为他意识到了将人类与周遭不论是自然环境还是文化环境进行隔离是困难的。[51] 对于从吉尔·德勒兹（Gilles Deleuze）、布鲁诺·拉图尔（Bruno Latour）到彼得·斯劳特戴克（Peter Sloterdijk）的整个当代哲学而言，这种不可能性是反复出现的反思主题。[52] 就此而言，我们数量众多、多种多样，且不可能独立存在，不可能将自身从环境中抽离出来。再者，诸多有关可持续发展必要性的讨论也是建立于不可能与环境分离的基础之上的。我们的多样性与差异性，对应着联系周遭环境的多种渠道。

数字技术使我们的身份更加多元，也使这种无法分离更为明显。正如美国社会学家雪莉·特克（Sherry Turkle）所观察的那样，盯着电脑屏幕会导致注意力及身份的分裂，这两者会被若干窗口分割从而被碎片化。⁵³ 从一个窗口到另一个窗口,从脸书页面到网上银行,既无相同身份,也无相同个性;既无相同密码,也无相同行为。通过数字技术,我们与周遭的环境连接不仅通过物理手段,还通过不断增多的电子渠道。这就好像我们的身份或个性在一个连续统一体中分割,而这个连续的统一体模糊了我们自身在内部、外部的界限。

这种界限的模糊也有相对应的匹配,即我们会周期性地对自身重新组合以在某种程度上重塑英雄形象:一种自我被统一的感觉,向他人呈现所有的复杂性与连贯性。与雪莉·特克的分析相反,美国通信专家詹姆斯·卡茨(James Katz)与罗纳德·赖斯(Ronald Rice)于21世纪初指出,数字技术在这一重塑英雄形象过程中扮演着至关重要的角色。⁵⁴ 如同在照片墙(Instagram)上发布无数的照片记录生活一样,脸书、伟豆(Viadeo)或领英(LinkedIn)、博客与个人主页都参与了这一过程。当下流行的文身可能也源自同样的形象重塑。文身,必定是对自己身份认同的方式,但认同的身份是什么?一种特别好战的身份,拒绝让自身融入周遭的城市丛林?

也许,数字个体最根本的矛盾在于分散与集中的双重趋势,而这种双重的趋势在不时打断当代生活。整座城市都好像带着心电图的印记——同时体现着分散的最终位置及受欢迎的个体重组自身方式之一。一方面,双

《罗威尔》(*Lowell Offering*)杂志封面,1845年1月

该杂志为月刊,出版的诗歌和小说作品,来自美国工业革命早期马萨诸塞州罗威尔纺织厂的年轻女工。现代工业虽然雇佣工人但是也为一些人提供了解放的可能性,包括罗威尔的"工厂女孩"。

重趋势反映出个体分割与表达的多种渠道；另一方面，通过定期强迫人们问自身在哪，在干什么，最重要的是他们想要什么，迫使个体重塑自身。德国哲学家沃尔特·本雅明（Walter Benjamin）试图将工业时代主要城市中典型人物流浪者理论化，取而代之的是一种由脉冲驱动的生物，脉冲使其在某一时刻与周遭环境融合，而又在另一时刻重组自身，或至少尝试性地让自己聚集成一个更紧密的实体。[55] 也许流浪者的特征之一便是在与大城市融合或分离感之间交替。在这种情况下，数字个体仅仅代表城市居民的新化身吗？而城市居民的生活则依赖于一定数量的基础经验，比如在融合与分离之间变化吗？然而，在一个越发多样和分裂的环境中，分散与专注自身之间交替变化的频率与强度表明，对待这一问题应当持否定态度。一些全新的事物正透过个体的能力被展现，在某些时刻与周遭的城市合为一体，在另一些时刻又分离，但随后又再次融入其中。

值得注意的是，通过上文对个体问题的研究，引出了有关"智慧城市"一词含义的基本问题。首先，赛博格固有的矛盾证实了完全屈服于新控制论诱惑所带来的困境。即使可以想象对城市某些系统进行更为综合的管理，但这也不是一个管理一切的问题，这将会与旧有的警察定义联系起来：与公共秩序有关的一切，包括其中与卫生或市政相关的若干任务。这是18世纪初巴黎地方法官尼古拉·德拉马雷（Nicolas Delamare）在其不朽著作《关于警察》（*Traité de la police*）中赋予该词的含义。[56] 里约热内卢的运作中心似乎表明了对革命前法国人对治安含义所持理解的回归。

但这种回归带来的是更多的局限性。然而，这是否意味着我们需要依赖它绝对的对立面——一种自发性和组织性的理想？而这种对立面的理想则与情景主义者的城市项目在释放而非摧毁个人创造潜力上不无相似之处。[57] 在数字时代，尽管应当承认个体在雄心勃勃项目上自由合作的能力非凡，但个体们的成就仍对机构利益相关者的地位少有威胁。例如，在英国地形测量局或法国国家地理研究所的权威面前，"开放街道地图"必然是人微言轻，更不必说谷歌或谷歌地图了。再一次，当代个体既不是完全自由的，也没有完全被大规模公共或私人的系统俘虏，似乎只在逃避过分简单的情节。在带有乌托邦色彩的自发主义与强调技术统治的新控制论诱惑之间，需要对数字个体进行更多探索——有时与环境（基本上是城市环境）合为一体，有时又设法将自身从中抽离，这到底意味着什么？在这种模式下，城市智能需要构想一种既广泛分布又重点突出的形式：以一种分散的方式呈现于城市居民及彼此之间的多重互动中，同时，至少部分地存在于控制室、指挥所以及用于决策的计算模拟中。从物理基础设施和计算机程序、优化算法和赛博格，到人类与技术的混合体，再到那些于环境融合与核心重组之间交替变化的个体，为了想象实体之间的相互作用，必须克服自发主义与新控制论诱惑之间的对立。我们不禁要问，如何协调这些层面，如何将它们配合或整合进城市整体活动以提供与意识的类比。当代神经科学可以在这方面提供宝贵的灵感。该领域杰出的人物之一，法国专家斯坦尼斯拉斯·德阿纳（Stanislas Dehaene）就认为，大脑皮层的一般性刺激是意识思维最明确的指示，类似于点燃某种花火。[58] 可以想象，总有一天，智慧城市的火树银花也会被点燃。

# 参考资料

1　参见Simon Sadler, *The Situationist City*, MIT Press (Cambridge, Massachusetts), 1998 and of course Henri Lefebvre, *Le Droit à la ville* [1968], Economica Anthropos (Paris), 2009.

2　关于事件概念的二重性, 见François Dosse, *Renaissance de l'événement: Un défi pour l'historien – entre sphinx et phénix*, PUF (Paris), 2010.

3　Norbert Wiener, *Cybernetics, or Control and Communication in the Animal and the Machine*, Technology Press (Cambridge, Massachusetts), 1948. 关于控制论, 例如参见Steve Joshua Heims, *Constructing a Social Science for Postwar America: The Cybernetics Group, 1946–1953*, MIT Press (Cambridge, Massachusetts), 1991.

4　Peter Galison, 'The Ontology of the Enemy: Norbert Wiener and the Cybernetic Vision', *Critical Inquiry*, vol 21, no 1, Autumn 1994, pp 228–66.

5　关于控制论和赛博格之间的联系, 见Paul Edwards, *The Closed World: Computers and the Politics of Discourse in Cold War America*, MIT Press (Cambridge, Massachusetts), 1996, as well as Les Levidow and Kevin Robins (eds), *Cyborg Worlds: The Military Information Society*, Free Association Books (London), 1989.

6　Janice Hocker Rushing and Thomas S Frentz, *Projecting the Shadow: The Cyborg Hero in American Film*, Chicago University Press (Chicago and London), 1995.

7　比如他们着迷于美国建筑师和技术理论家巴克敏斯特·富勒 (Buckminster Fuller), 其在《世界游戏》(*World Game*) 中控制论概念模拟地球运行为他们提供了灵感。见Mark Wigley, 'Planetary Homeboy', *ANY Magazine*, no 17, 1997, pp 16–23.

8　诺伯特·维纳 (Norbert Wiener) 也是一篇关于原子时代城市防御文章的联合作者：Norbert Wiener, Karl Deutsch and Giorgio de Santillana, 'How US Cities Can Prepare for Atomic War: MIT Professors Suggest a Bold Plan to Prevent Panic and Limit Destruction', *Life*, 18 December 1950, pp 76–84. 在语境方面, 它解释了这本出版物, 见Reinhold Martin, *The Organizational Complex: Architecture, Media, and Corporate Space*, MIT Press (Cambridge, Massachusetts), 2003.

9　Jennifer Light, *From Warfare to Welfare: Defense Intellectuals and Urban Problems in Cold War America*, Johns Hopkins University Press (Baltimore and London), 2003.

10　这个项目详见Melville Campbell Branch, *Continuous City Planning: Integrating Municipal Management and City Planning*, John Wiley & Sons (New York), 1981.

11　Eden Medina, *Cybernetic Revolutionaries: Technology and Politics in Allende's Chile*, MIT Press (Cambridge, Massachusetts), 2011.

12　Natasha Singer, 'Mission Control, Built for Cities: IBM Takes "Smarter Cities" Concept to Rio de Janeiro', *New York Times*, 3 March 2012, http://www.nytimes.com/2012/03/04/business/ibm-takes-smarter-cities-concept-to-rio-de-janeiro.html (2015年1月27日查阅).

13　http://www.simudyne.com/introduction-to-simudyne/ (2015年2月5日查阅). 关于西蒙达因 (Simudyne) 的工具和电脑游戏之间的关系, 见Dan Grill, 'How Games And Simulations Will Save Us From Disaster', *Rock, Paper, Shotgun*, 5 September 2014, http://www.rockpapershotgun.com/2014/09/05/how-games-save-us-from-disaster/ (2015年2月5日查阅).

14　'Beyond The Quantified Self: The World's Largest Quantified Community', http://www.fastcoexist.com/3029255/beyond-the-quantified-self-the-worlds-largest-quantified-community (2015年2月12日查阅).

15　Christopher Alexander, 'A City is not a Tree', *Design*, no 206, 1966, pp 46–55.

16　Ray Kurzweil, *The Singularity is Near: When Humans Transcend Biology*, Penguin (New York), 2005.

17　Rory Cellan-Jones, 'Stephen Hawking Warns Artificial Intelligence Could End Mankind', *New Technology*, 2 December 2014, http://www.bbc.com/news/technology-30290540 (2015年2月15日查阅).

18　Antoine Picon, *La Ville territoire des cyborgs*, Les Editions de l'Imprimeur (Besançon), 1998.

19　William J Mitchell, *Me++: The Cyborg Self and the Networked City*, MIT Press (Cambridge, Massachusetts), 2003.

20　Gregory Bateson, *Steps to an Ecology of Mind: Collected Essays in Anthropology, Psychiatry, Evolution, and Epistemology*, Chandler (San Francisco), 1972.

**21** Matthew Gandy, 'Cyborg Urbanization: Complexity and Monstrosity in the Contemporary City', *International Journal of Urban and Regional Research*, vol 29, no 1, March 2005, pp 26–49; Erik Swyngedouw, 'Circulations and Metabolisms: (Hybrid) Natures and (Cyborg) Cities', *Science as Culture*, vol 15, no 2, June 2006, pp 105–21.

**22** Michel Foucault, 'La Naissance de la médecine sociale' [1974–7], in *Dits et écrits*, vol 2, Gallimard (Paris), 2001, pp 207–28.

**23** Marcus Ong, 'War on SARS: A Singapore Experience', *Canadian Journal of Emergency Medicine*, vol 6, no 1, January 2004, pp 31–7.

**24** 我在2013年6月3日参观感知城市实验室时知道了"地下世界"(Underworlds) 项目。

**25** Sam Grobart, 'MC10's BioStamp: The New Frontier of Medical Diagnostics', 13 June 2013, http://www.bloomberg.com/bw/articles/2013-06-13/mc10s-biostamp-the-new-frontier-of-medical-diagnostics (2015年2月3日查阅).

**26** 在好莱坞电影中,《终结者》(*Terminator*) 是值得注意的例外, 肉做的外壳内藏着钢铁、塑料和硅制成的内核。Donna Haraway, 'A Cyborg Manifesto: Science, Technology, and Socialist Feminism in the 1980s', *Socialist Review*, vol 15, no 2, 1985, pp 65–107.

**28** Jean-François Chazerans, 'La Substance composée chez Leibniz', *Revue philosophique de la France et de l'étranger*, vol 181, no 1, January–March 1991, pp 47–66.

**29** Dominique Cardon, *La Démocratie Internet: Promesses et limites*, Le Seuil (Paris), 2010.

**30** *Smart London Plan*, http://www.london.gov.uk/sites/default/files/smart_london_plan.pdf (2015年2月12日查阅).

**31** Antoine Picon, *Les Saint-simoniens: Raison, imaginaire et utopie*, Belin (Paris), 2002.

**32** Karl August Wittfogel, *Oriental Despotism: A Comparative Study of Total Power*, Yale University Press (New Haven), 1957.

**33** Howard Rheingold, *Smart Mobs: The Next Social Revolution*, Perseus (Cambridge, Massachusetts), 2003.

**34** http://wiki.openstreetmap.org/wiki/Stats (2015年1月30日查询).

**35** http://www.fixmystreet.com/ (2015年2月3日查阅).

**36** https://www.waze.com/ (2015年2月3日查阅).

**37** Neil A Gershenfeld, *Fab: The Coming Revolution on Your Desktop – From Personal Computers to Personal Fabrication*, Basic Books (New York), 2005.

**38** 'Meu Rio: Where You Can Take Action!', http://transformbrazil.com/tag/meu-rio/ (2015年2月3日查阅).

**49** Anthony M Townsend, *Smart Cities: Big Data, Civic Hackers, and the Quest for a New Utopia*, WW Norton & Company (New York and London), 2013.

**40** http://mindmixer.com/ (2015年2月3日查阅).

**41** http://wiki.openstreetmap.org/wiki/Stats (2015年1月30日查阅).

**42** 'Wikipedia:Wikipedians', http://en.wikipedia.org/wiki/Wikipedia:Wikipedians (2015年1月31日查阅).

**43** R Stuart Geiger and David Ribes, 'The Work

of Sustaining Order in Wikipedia: The Banning of a Vandal', *Proceedings of the 2010 ACM Conference on Computer Supported Cooperative Work (CSCW)*, New York, 2010, http://www.academia.edu/197709/The_Work_of_Sustaining_Order_in_Wikipedia_The_Banning_of_a_Vandal (2015年2月3日查阅); Aaron Halfaker and John Riedl, 'Bots and Cyborgs: Wikipedia's Immune System', *Computer*, vol 45, no 3, March 2012, pp 79–82; R Stuart Geiger and Aaron Halfaker, 'When the Levee Breaks: Without Bots, What Happens to Wikipedia's Quality Control Process?', http://stuartgeiger.com/wikisym13-cluebot.pdf (2015年2月3日查阅).

**44** Robert Ezra Park, *On Social Control and Collective Behavior*, Chicago University Press (Chicago), 1967, p 3.

**45** 例如，它构成了下面一本书的一个中心主题，见Ulrich Beck, *Risk Society: Towards a New Modernity* [*Risikogesellschaft: Auf dem Weg in eine andere Moderne*, 1986], English translation, Sage (London), 1992.

**46** Nicholas Negroponte, *Being Digital*, Alfred A Knopf (New York), 1995.

**47** Michel Chevalier, *Lettres sur l'Amérique du Nord*, Charles Gosselin (Paris), 1836.

**48** Karl Marx, *Capital* [*Das Kapital*, 1867], English translation, Penguin (Harmondsworth), 1990.

**49** François de Singly (ed), *Famille et individualisation, vol 1: Être soi parmi les autres*, L'Harmattan (Paris), 2001; Patrice Flichy, *Le Sacre de l'amateur: Sociologie des passions ordinaires à l'ère numérique*, Le Seuil (Paris), 2010.

**50** Richard Powers, *The Echo Maker*, Picador (New York), 2006, p 190.

**51** Bateson 1972.

**52** 例如参见Gilles Deleuze and Félix Guattari, *Anti-Oedipus: Capitalism and Schizophrenia* [*L'Anti-Oedipe*, 1973], English translation, University of Minnesota Press (Minneapolis), 1983; Gilles Deleuze and Félix Guattari, *A Thousand Plateaus: Capitalism and Schizophrenia* [*Mille Plateaux*, 1980], English translation, University of Minnesota (Minneapolis), 1987; Bruno Latour, *We Have Never Been Modern* [*Nous n'avons jamais été modernes*, 1991], English translation, Harvard University Press (Cambridge, Massachusetts), 1993; and Peter Sloterdijk, *Bubbles: Spheres Volume 1: Microspherology* [*Sphären I – Blasen, Mikrosphärologie*, 1998], English translation, Semiotext(e) (Los Angeles), 2011.

**53** Sherry Turkle, *Life on the Screen: Identity in the Age of the Internet*, Simon & Schuster (New York), 1995.

**54** James E Katz and Ronald E Rice, *Social Consequences of Internet Use: Access, Involvement, and Interaction*, MIT Press (Cambridge, Massachusetts), 2002. 在自我重建方面，见Antonio A Casilli, *Les Liaisons numériques: Vers une Nouvelle sociabilité?*, Le Seuil (Paris), 2010.

**55** Walter Benjamin, *The Arcades Project* [*Das Passagen-Werk*, 1982], English translation, Belknap Press of Harvard University (Cambridge, Massachusetts), 1999.

**56** Nicolas Delamare, *Traité de la police*, Jean et Pierre Cot (Paris), 1705–10.

**57** Sadler 1998.

**58** Stanislas Dehaene, *Consciousness and the Brain: Deciphering How the Brain Codes Our Thoughts*, Viking (New York), 2014.

# 第 3 章

# 城市智能、空间与地图

　　智慧城市，并不是一个空灵的实体，就像街道、建筑上缥缈的幽灵。它必然具有地方化特征，与居民演化所处的自然环境密不可分。增强现实与地理定位这两项关键性的技术有助于更好地理解物质原子与数据位之间的不可分离性。即便本章后文所示的信息或通信技术对城市形态还尚未有明显的影响，也必须再次设想：城市智能，具有毋庸置疑的深刻空间性。

尽管有诸多不确定性，我们仍可对城市物理框架的演变提出一些假设：首先，长期主导城市设计的组合逻辑的相关性将不断降低；改善环境参数监测的室内空间呈现出新的重要性。如果我们与基础设施建立新的关系，减少对网络设备的依赖，那么最终显现的城市理想将明显不同于纯粹围绕流量管理组织的工业城市。

地图映射在智慧城市中的出现中起着至关重要的作用。回顾神经科学所给予我们的启发——没有神经地图就没有意识活动。[1] 正因为它能够绘制出构成其组成部分的身体，以及它的环境、记忆和就人类而言的诸种抽象层次的不同概念与想法的地图，大脑才能够学习，能够理解和推理。在城市领域，全新的地图映射实践的出现，或许正是形成一种前所未有的集体智慧的前奏，而这种智慧将使人类与非人类、算法与赛博格结合在一起。

## • 增强现实与地理定位

事实证明，对以互联系统、个体和可被视为智能的结构为基础的城市而言，有两项技术的发展对其崛起发挥了根本性的作用。第一项技术展示出物理世界与数字世界之间，或原子与数据位之间日益密切的联系，通常被称作"增强现实"（augmented reality）。与此不可分离的第二项技术，与地理定位技术的优势有关。

增强现实的概念或多或少可以定义得宽泛一些。我将于此使用其广为接受的含义，即，涉及"混合生态"（hybrid ecologies）的组成，这是2008年英国计算机科学家安迪·克拉布特里（Andy Crabtree）和汤姆·罗登（Tom Rodden）在一篇文章中所使用的表达。[2] 在物理空间中，屏幕的存在构成了识别增强现实直接的形式之一，但结合原子与比特还有例如无线网络等诸多其他方法，而一般看来，空间序列与数字资源的关联构成了普适计算的起源。

当虚拟与现实对立并威胁到现实的稳定时,现实世界的时代就成了过去式。原子与比特的联系早已平淡无奇,涉及一系列目标,包括为市民提供有用资讯的市政项目,以及商业或教育项目,未提及增强现实技术为复杂系统控制及科学研究所作出的贡献。从市政府安装的数字终端,例如赫尔辛基的"城市流"(Urbanflow)或纽约的"链接纽约"(LinkNYC)交互面板,到丰富用户对周围环境理解的智能手机,通过在固定或移动的屏幕上显示各种信息,增强现实对公共空间的改变已经开始。[3] 除此之外还提供了一系列与旅游业相关的应用。例如,法国东部勃艮第地区的克吕尼市在几年前就尝试安装了屏幕,为的是让游客漫步于修道院教堂的废墟上时,可以通过屏幕一览这座罗马式建筑全盛时期的风采。[4]

目前,占据增强现实主导地位的仍是屏幕或墙壁及物体上投影的数字图像,但无处不在的计算已开始有与之相抗衡的可能,并且还有助于降低对它们的系统性需求的意愿。谷歌眼镜正在挑战屏幕或投影霸主的地位。试想这样一个可能的世界:电子内容渗透了几乎所有的物质,城市的

一个实验性的"链接纽约"的连接点,位于曼哈顿中城纽约市街道上,2018年

连接纽约的目标是用提供无线技术的标志性连接点"链接",取代纽约市老化的公共付费电话网络。链接将使美国各地的免费电话通话成为可能。它们将为广告和公共服务公告提供触摸屏平板电脑界面和数字显示屏。

景观或氛围就像原子与数据位一般复杂混乱。促进这一技术发展的确切性质对我们的主题而言并不重要。或许,重要的是对以下方面有所认识:对物理空间与数字内容日益增多的混杂有所认识;对个体在多彩环境中散布的动态有所认识;对混杂于多大程度上促进个体动态的传播有所认识。或许认识的结果会令人担忧,但这一演变在何种程度扎根于我们当下情况的最深处却值得一探究竟,只因个体之间的联系越发紧密,甚至与周遭环境难以分割。

除了增强现实,另一项关键技术便是地理定位。或许很快会面临欧洲伽利略卫星导航系统的挑战,但由美国发起的全球定位系统所使用的卫星定位技术以及通过移动通信基站进行的三角测量,使得确定个体或物体或静或动的位置成为可能。而这样的可能则带来无数应用的方式:从运

**丹尼尔·贝拉斯科·罗杰斯,《我的柏林之旅2003—2013》(*All My Journeys in Berlin 2003-2013*),2013年**

随着这种类型的企业再次使用全球定位系统技术,城市地图彻底成为自传体。

输到追踪游牧劳动力，从提供基于用户当前位置的定制化服务，到脸书等社交网络早已为用户提供附近可能有哪些朋友。[5]

从一开始，地理定位就让艺术家为之着迷。1995年，美国建筑师、设计师及教育家劳拉·库尔根（Laura Kurgan）在巴塞罗那当代艺术博物馆举办的一场名为"你在这里"的展览中，对自己的动作进行记录以供展示之用。[6] 随后的2003年到2010年间，英国艺术家丹尼尔·贝拉斯科·罗杰斯（Daniel Belasco Rogers）用全球定位系统绘制出他在柏林所有的旅程地图。该项目被命名为"我的生命画卷"（The Drawing of my Life），通过叠加不同旅程的不同记录，生成了从"柏林的一年"（One Year Drawing Berlin）到"柏林的七年"（Seven Years Drawing Berlin）一系列地图。[7]

这类作品通常显露出的自传维度绝非偶然。在手机的谷歌地图的应用程序中，屏幕上轻轻跳动的蓝色圆点就像基本事件，带你到超越肉身骨骼物理的极限，以及所在的确切位置："你在这儿"，一切由此展开。从这样一个将身份集中的基本事件出发，去探索地铁站、商店或打算与朋友会面的附近地点，就有了可能。地理定位与增强现实密不可分，基于其最具战略意义的应用时不时提醒着数字时代的个体，别忘了即便只是一刹那，也可在向环境延伸前，或套用德勒兹比喻的展开自身前，从周遭环境抽离来重塑自身。[8]

## • 迈向三维城市生活

截至目前，信息通信技术或智慧城市项目的发展还尚未对城市的空间结构产生明显影响。几十年前，威廉·米切尔（William J. Mitchell）认为，是时候宣布"软城市"（soft city）的到来了，电子交流将在此取代实体会议。[9] 然而事实并非如此，电子邮件和电子商务的兴起恰恰相反地导致了城市舞台上车辆行人交通密集的加剧。大约是同一时期，数位时代的几位预言家设想了一场规模相当于汽车所引发的城市去中心化运动，因为迄今为止在城市中心进行的各式活动现在都可被重新安排。[10] 然而，大都市的发展再一次证明预设情节的错误。从伦敦、香港、新加坡到东京，在经济的金融化等因素影响下，密集的城市中心的重要性表现出了增强的趋势。在这样的背景下，全球最大的50个城市拥有几乎一半的网址，也就不足为奇了。[11]

因此，城市形态可能几乎没有变化。数字技术不同于汽车，似乎并未对道路网络或建筑体量产生立竿见影的影响。前者的影响更类似于1900年前后的电力——对城市体验的深刻转变而非对物理结构的重大变革。当然，同一时期的建筑也确实发生了深远的变化。伴随着装饰的回归，新的几何形式出现，带来了在第一章中讨论的新的城市感官享受产生。[12] 从巨型屏幕到立面投影，增强现实丰富着建筑对公共空间的影响。同样的影响还体现在街道家具的创新中，例如，马萨诸塞州剑桥市的索瓦（Soofa）公司正在测试利用太阳能为手机或平板电脑充电的长椅，或以色列Sologic公司同样使用太阳能电板供电的e树（eTree），真是激动人心。日间的e树提供阴凉，夜间则提供照明，同时还提供Wi-Fi接入与为移动电话充电的功能。[13] 太阳能电板及绿色屋顶开始改变城市中心或郊区建筑的整体轮廓。只不过这样一系列的变化并未导致城市整体结构的改变，至少目前没有。

因此，没有什么比新的城市采用旧的形式更能说明问题了——新的"智慧"城市或地区所采用的形式在本质上来说相当经典。无论加泰罗尼亚的22@Barcelona（在信息通信技术整合方面的都市旗舰项目）、马斯达尔还是松岛新城，并非优先考虑形式上的创新，对现有形式的援引才更为凶猛。比如松岛新城的发起者们，从巴黎借鉴了林荫大道，从纽约借鉴了中央公园，还从威尼斯搬来了运河。[14]

这一切并不意味着物理空间不再重要。恰恰相反，感性的或愉悦感官的城市，增强现实或地理定位，对城市空间每一平方米的提升，都赋予其全新的功能或意想不到的意义。更重要的是，通过相互连接的个体与传

索瓦公司的联合创始人兼首席执行官桑德拉·里克特（Sandra Richter）将她的智能手机插在索瓦长椅上，2017年

数字技术和增强现实技术已经开始改变街道家具。智能充电座不仅可以为智能手机充电，还能感知周围环境，提供有关环境状况，如空气质量的信息。

感器，城市智能像流体一样变得无处不在，城市结构得以获得更高层次的存在。城市的结构，与其说被改变，倒不如说获得新生。

17世纪的法国医生、学者及建筑师克洛德·佩罗（Claude Perrault）在《物理学随笔》（*Essais de physique*）中将生物的灵魂描绘为分散于身体各部位中，而不是像勒奈·笛卡儿（René Descartes）所说居于松果体中。[15] 可以结合佩罗与笛卡儿的概念来对智慧城市进行想象，允许城市智能在扩散、无处不在的同时，又可集中于某些地方，比如集中于专业技术系统的调节和控制室。

在这种结合完成时，城市的结构（如果你愿意，也可以说是城市的血肉）不仅被重新诠释，于某种意义上也被改造。无须等待，最广义的映射便成为城市结构变形最有人气的程序，亦同时成为理解其基本问题的分析程序。而映射的重要性则可如此理解：与其说是城市的形式发生变化，倒不如说是城市的地图发生变化，更确切地说，由于数字技术的出现与城市地图映射的激增某种程度上相一致，所以就是地图发生了变化。正是由于激增，城市才显得智能。

也正是这种智能所具备的深刻空间性特征，敦促我们不能仅仅停留在对尚未发生的城市形态演变有所承认，更要着眼于现象变化的前兆。而地图映射的兴起，也不意味着在未来，城市的物理框架没有改变的必要。相反，正如多数智能手机能够通过前文所提及的蓝点显示主人的位置，地图的激增有效降低了以规律的城市形式作为空间定位手段的必要性。确认某人所处位置，不再必须面对广阔的视野或被组织严密的广场包围才能做到。然而，无论多么重要，定位某人物理位置的过程也不过只是存在维度中的一个，其在数字内容层面也可发挥相同的作用。增强现实实践接连而来的体验，深刻地改变了我们对空间的理解。而这就产生了一种可能性，对城市形式以一种不受传统组合逻辑限制的方式彻底反思，一些城市学家或建筑师才刚刚瞥见这种可能性。为了运作而对规划附加简单化或缺乏深度的常规二维框架，不再无可避免。像迷宫一样更复杂的形式被接纳，沿当地住宅线或重叠或缠结的模块得以出现。从越发无足轻重的构图桎梏中解放，一种真正意义上三维的城市生活就此诞生。与此同时，这也并不意味着20世纪50年代和60年代典型的巨构乌托邦会卷土重来（其未来城市被认为是巨型大厦，在一个异常扩大的结构框架内聚集相同的模块），无论是忠于现代主义原则，还是相反地受新都市主义启发而试图对后现代主义的传统邻里设计进行复兴，巨构又的确比过去几十年间城市的规划者、设计师提出的城市问题更为开放。[16] 无论意识形态为何，城市地图映射的成功让我们将以地面为基础的城市规划抛在脑后。

以色列特拉维夫公共区域的一棵e树，2018年2月10日

e树由艺术家约夫·本-多夫（Yoav Ben-Dov）设计，它的金属管模仿树枝，既是一个雕塑，也是一个连接数字世界的城市家具。

**韩国仁川松岛国际商务区（IBD）的高层建筑，2015年**

对传统城市的参考在松岛同样存在，从基于佐治亚州萨凡纳设计的口袋公园系统，到像威尼斯那样的运河。这座城市位于黄海沿岸，占地600公顷，旨在成为城市规模可持续发展的典范。

尽管现在的城市形态仍未有巨大改变，但随着城市物理形态与数字技术的不可分割，一个崭新的自由领域已然开启。不必苦等城市规划专家，诸种建筑公司已经开始对新领域或新可能展开探索。过去几年间，从赫尔佐格和德梅隆，到斯科特·科恩（Scott Cohen），再到OMA，对例如模块堆叠的测试表明，将二维规划置于首位的建筑构成技术已经发生根本性转变。[17]

复杂性、纠缠性、三维性，除了这些不同于已知城市形态的发展前景，还有一种倾向性应运而生——搁置对外部空间的考虑，转向对内部设计的重视，无论住宅区、购物中心还是机场。越来越多的城市片段出现了，展示出的似乎仅是内部结构的延续。几个因素支撑着这一趋势。首先，是对控制空间的渴望，有时与安全需要有关，有时则与对商业可行性的追求有关。在现如今的资本社会中，无论是为了保护自身还是为了继续事业，孤立或与世隔绝都是人们向往的状态。其次，近来有关控制大气状态和对环境质量寻求改善的问题也开始发挥作用。通过假设性方案，如比利时

印度，拉贾斯坦邦，焦特布尔，2011年

　　智慧城市的发展可能会抛弃二维的规律性，最终会重新发现传统乡土城市形态空间复杂性。

　　建筑师朱利安·德斯密特（Julien De Smedt）提出的深圳物流城（2006年开始），以及早些时候意大利建筑师保罗·索莱里（Paolo Soleri）提出的既密集又环保的住宅开发方案，为此，他在20世纪60年代末创造了"建筑学"一词（"建筑"和"生态学"的缩写），它们以最极端的形式表现出来。[18] 深圳物流城，数字时代真正的生态建筑，其引人注目的内部空间甚至超越了纪念碑意义的外观。

　　法国社会学家多米尼克·洛兰（Dominique Lorrain）以城市邮轮（paquebots urbains）代指"可作为自主世界使用的大型开发项目，为居住者/客户提供现代世界的所有设施"，换言之便是巨大的内部，而城市游轮的涌现也不仅仅发生在工业发达的国家。[19] 为了应对公共空间的降

**OMA,翠城新景(The Interlace),新加坡,2009年**

堆叠是使当代建筑师想象一种更不同、更复杂城市生活模式的技术之一。其目的是将建筑设计成一个与自然环境相结合的住宅和社会空间的三维网络。

级以及水、电等资源可靠供应的缺乏,同样的邮轮也越来越多地出现在发展中国家的大都市中。

在某种程度上,智慧城市依赖于对城市新陈代谢控制加强的愿望,整个城市区域的内部化进程将被加速。不过,这种趋势有加重逻辑碎片化的风险,而相当长一段时间内已经成为当代大城市的特征。无论是源自19世纪的主要网状系统,还是传统的城市构成技术,都未能有效地抵抗逻辑的碎片化。因此,基于物理环境与电子内容之间联系所提供的可能性,对城市生活重新思考就显得更加迫切;与此同时,与生活空间越发内部化的现象相对应,寻求复杂性与纠缠性的特征便尤为重要。

## • 与基础设施的新关系

　　在许多方面，智慧城市都是19世纪网状结构城市的继承者，围绕各种流来组织。但又与之相差甚远，在一些关键方面动摇。在智慧城市的发展中，不再只强调流量管理，事件监控的重要性已在前一章进行了讨论。现在，为了对与基础设施不同以往的关系进行勾勒，还有一些额外要素需要研究，新的关系不再似从前那般主动涉及网状结构的概念。

　　想象创造结合具体实践，在这一关系演变中互为支持。从自相矛盾的想象说起：在一个联系日益紧密的世界中，切断联系似乎是可能的，甚至是至关重要的。长期以来，这种观念在流行于大量的虚构作品、小说或影视作品中的灾难性愿景中蓬勃发展。在这类作品所描绘的后末世（post-apocalyptic）背景下，不管网络是被敌对势力控制还是早已消失，生存往往都取决于无网络情况下的生存能力。而这样的愿景所继承的主题，正是20世纪60年代和70年代一系列另类运动倡导的"自给自足"（off-the-grid）。而这些运动中的其中一些在数字技术史上有着重大意义，比如对计算机用户摆脱对大规模集成系统的依赖的愿望就促成了微运算（microcomputing）的出现。经年累月，数字技术与网络、自给自足，甚至断开连接的愿望捆绑在一起。今天，我们见证着这一愿景的重大发展——与能源转型所带来的问题有关。以贝丁顿零化石能源开发社区（BedZED）为例，批宝地公司（Peabody Trust）在伦敦北部首创的"零能耗开发"计划，就极大地减少了建筑对传统城市供应网络的依赖。[20] 从更广泛的层面上说，被视为有与城市基础设施相分离倾向的独立实体——积极能源建筑或生态街区，很难不令人震惊。因此，它们促成了上述城市有机体的分裂。

　　断开连接的主题隶属于当代有关传统电网或城市网络（如排水）反常影响的一系列问题，这些反常影响往往会在外围产生环境问题。为了减少对环境的有害影响，其中一个可能的解决方案便是朝着更本地化形式的方向发展技术系统——通过生态共生使系统中一个元素所产生的废料成

**比尔·邓斯特（Bill Dunster），贝丁顿零化石能源开发社区，伦敦，2002年**

贝丁顿零能源发展项目是首批致力于实现零碳排放的大型社区之一。与传统的开发相比，它使用的能源要少得多，它基于自给自足的理想，挑战了基于相互依赖的传统城市方式。

为另一个元素的原料。这种替代传统网状结构城市的方案已在几个北欧国家展开试验。哈默比水岸新城模型的基础便形成于此，该模型以斯德哥尔摩的一个地区命名，生态共生的应用在该地区极为先进。[21]

此外，数字技术的出现也使一些过往依赖网状结构认知的基础设施更独立地运作。交通运输的基础设施尤其如此。有了全球定位系统，特定路线往往优先于参照道路网络结构的既定路线。后街、小巷、主干道还是高速公路，都变得不重要。现在开始，重要的是给定序列在一系列无关逻辑的道路网络及其各组成部分中的位置。

当然，这一发展之所以成为可能，是由于与传统地图相比，驾驶员通过全球定位系统可获取更多信息。这种现象在城市旅游业中更为明显。世界各地的旅客信息系统都开始公布下一趟地铁到达的剩余时间。许多公交网络也提供这类信息，乘客可以借此判断下一班次是否值得等待。有了智能手机结合公共汽车与火车、自行车与汽车，甚至可以随机应变地设计

**洛里默街站的倒计时时钟标志,布鲁克林,纽约地铁,2013年**

实时知道下一班地铁何时到达的能力为旅行者开辟了新的可能性。

出更复杂的交通策略。最终,不必再别无选择地等待下一班公车或火车,不必再使用一个理论化却毫不实际又没有任何保证的时刻表,城市居民将越来越少地受到单一交通网络的限制。

因此,交通服务开始发生转变。大量汽车共享俱乐部或出租车网络开始出现,比如2000年在美国成立的热布卡(Zipcar)或2009年成立的优步(Uber);自助车辆系统也在此背景下激增,2007年巴黎推出维步(Vélib'),2010年伦敦以时任市长鲍里斯·约翰逊的名字命名的"鲍里斯自行车"(Boris Bikes)等,全世界都是如此。同样值得一提的试验还有很多,以2014年波士顿开始出现的布里杰(Bridj)公交车为例,为了满足用户的需求,其时刻表依据谷歌地球、脸书、四方网、推特或领英等网站收集的数百万通勤旅行数据来实时调整。[22] 用户在智能手机应用中输入出发点和目的地后,便会被分配至接送点。通过与数据挖掘实践建立联系,利用智能手机与用户互动的可能性,交通系统的设计者们正在探索新的方向,力争找到比传统网状结构更灵活的解决方案。

我们是否正在见证一个时刻,一个对源自工业时代的网状结构城市重新思考的时刻?这个问题需要被提出,即便当前对一些实验的热情应当

**巴黎贝尔西大道的维步自行车停靠站，法国，2021年**

数字技术在新型自助车辆系统的运作中起着重要的作用，这些自助车辆系统正在全世界范围内普及。一次旅行现在可以包括乘坐地铁或公交车，以及骑租来的自行车或汽车。

有所缓和。比如前文提到的贝丁顿零化石能源开发社区，该项目在能源方面不但不能完全地自给自足，甚至高峰期还需要伦敦电网外援，这说明：为了在部分时间内能生活于网络之外，必须进行有效连接。

最重要的是，不要因为创新的有益影响而不分青红皂白地抱歉。信息和通信技术的发展使得从卫生到交通的各个领域都出现了网络的概念，若对这种概念质疑则很可能导致城市更加支离破碎。对于这种威胁的出现，至少英国地理学家斯蒂芬·格雷厄姆（Stephen Graham）及西蒙·马文（Simon Marvin）于2001年出版的《分裂的城市主义》（*Splintering Urbanism*）一书中为它做了辩护的假设。[23] 而若对城市的地图映射在过去几十年里所经历的发展进行解释，至少也需要与这一令人担忧的趋势相对应。无论来自机构、企业或个人，新的城市地图都有效地代表了整合中的主要元素，这是目前正在出现的一种新的城市智能形式最可靠的标志。

- **利害关系陈述**

在过去的几十年间，城市的地图映射经历了一系列惊人的发展。[24] 首先，它数量剧增。与此同时，地图的概念本身也随着从纸张到屏幕的转变而得到扩展：从汽车的全球定位系统终端到手机，现在我们查阅的大多数地图都以像素形式呈现。[25] 这一现象的上游，便是地理位置信息数据库呈指数级的增长带来的地图映射可能。在对计算机数据日益依赖的地图映射沃土之上，地理信息系统扎根于此，而地理信息系统所能做的不止于收集有关地形、自然资源、地块、基础设施或建筑物的信息，还能收集各种关于环境、社会、政治、文化及商业参数值的信息。然而，地理信息系统仅仅是依赖于开放应用程序大量生产的制度方面，开放应用程序通常被称为API（应用程序编程接口），例如谷歌地图，被全世界超过2,300,000个网站使用。[26] 无论个人、协会还是大小企业，一系列完整的利益相关者皆被允许在谷歌地图上寻找其感兴趣的数据。绘制地图长久以来只是专业人士的专利，但也未能逃脱民主化的趋势（尽管只是相对而言），即帕特里斯·弗里奇所描述的"业余爱好者的贡献"（见第2章）。[27]

从纸质地图到屏幕的转变，让纸质地图高效且快速地更新为一种打印输出，能与不断发展的文档相匹敌。这种更新允许地图映射成为动态的，可自动（或按需）更新，变得可缩放和（或）可点击，总而言之，变得具有交互性。也正是由于这些可交互的地图，我们得以在智慧城市的控制室或受新控制论启发的模拟程序中，对技术系统或基础设施、能源网、供水或卫生系统、道路网或公共交通系统中正在发生的情况进行实时追踪。它们使发生的情况变得可见并与控制面板相连，这样操作员便能够对危机形势进行干预、调节或解决。正如布鲁诺·拉图尔（Bruno Latour）在其于1998年的《看不见的巴黎》（*Paris ville invisible*）中所观察到的，将巴黎水务局SAGEP控制室描述为一种现代形式的圆形监狱，圆形监狱由英国社会理论家杰里米·边沁（Jeremy Bentham）于18世纪晚期设计，是一种机构性建筑形式，能确保只需要一名看守人在犯人不知情的情况下监视所有的犯人。²⁸ 正如之前所示，伴随着地图从纸张更替为屏幕，地图映射的模型不但广为传播，还逐渐淡化了与监控之间的区别，二者的分界线在许多情况下甚至完全消失。针对这种界限的模糊，麻省理工学院感知城市实验室制作了最为壮观的城市可视化作品。例如，2006年威尼斯建筑双年展上的动画作品《实时罗马》(Real Time Rome)，就以引人注目的图像展示了年度大型活动举办期间移动电话的空间分布与通话数量的变化，这些活动不但包括2006年的世界杯球赛，还有同年度麦当娜在意大利首都举办的音乐会。²⁹ 这个动画正是依靠基站间的三角测量，来了解手机在任意时刻的位置。电话运营商意大利电信对这些数据进行收集，感知城市实验室对这些数据进行处理，二者的结合便可被类比为一种监控。《实时罗马》提供了一个总体的、几乎全景式的视角来对街上所发生的事情进行观察。2008年纽约现代艺术博物馆展出的《纽约谈话交易所》(New York Talk Exchange)以纽约证券交易所为背景，对其交易活动在互联网上产生的电话与信息交换的目的地、数量进行了可视化。³⁰ 一切都见证着这种可视化的成功，以"橘子"或法布诺瓦（FABERNOVEL）为例，越来越多的企业项目以"城市暴走族"（Urban Mobs）技术为支撑，新控制论的诱惑再次降临—更好地观察、更好地预测，更好地监控。³¹

近年来，旨在加强此类监控的城市可视化工具在数量上不断增加，往往与城市数据的激增相关。例如，城市顶峰平台为城市提供工具，使城市能够利用各种开放数据、物联网、M2M（机器对机器）和社交媒体等信息来

**麻省理工学院，感知城市实验室，《实时罗马》，2006年**

在这样的设施中，供水网络和水处理厂等城市基础设施发生的事情可以被实时监控。在墙上的右边屏幕上显示的地图与记录系统如何运行的各种图表相关联。

辅助决策。[32] 而可视化与模拟从来都不是泾渭分明的，比如"同步中心"（Synthicity）平台就将两者混合在一起。[33]

多个实验与工具引入新的元素，城市整体规模与个体行为间持续不断的切换成为可能，而这种切换也是新元素带来的特征。再者，个体和团体间也可自由组合生成地图，这就构成了一味针对控制欲望的解毒剂。地图映射程序"我见"（iSee）在这方面就具有标志性意义。一个名为应用自治研究所（Institute for Applied Autonomy）的组织将其于网上发布，该组织自称"致力于个体和集体自我决定的事业"，该程序则允许用户目达耳通地躲避安装在曼哈顿的监控探头。一旦用户输入出发及到达地，"我见"就会为其安排行程，让他或她避开出现在视频记录中。[34]

还有其他包含更激进内容的地图依赖管理机构或企业在开放数据环境下所提供的数据。例如，通过将美国囚犯最后公布的家庭住址与监禁成本相结合，劳拉·库尔根成功绘制了"百万美元街区"空间分布的地图，而百万美元街区指的是囚犯大量出现的住宅区，其监禁成本超过百万美元。[35]

尽管库尔根的目的是让人们思考城市环境与犯罪之间的关系及后者

**应用自治研究所开发的"我见"工具截图，2015年**

该应用程序允许用户确定曼哈顿两个地点之间的最佳行程，以尽可能避免被视频监控摄像头跟踪。

的成本，但大多数在官方机构范围之外制作的地图其实更强调信息和经验的共享。通过众包等技术可以获得集体的信息或体验，通过个体分享则可使他人获得个体自我的体验。就像我们在社交媒体上分享生活中的某些时刻一样，我们也可能想要分享"我们的"城市。尽管描述大型技术系统中正在发生的事情应当完全客观，但众多的地图（尤其是来自个体的）都混合了客观元素与主观评论。个体身上发生了什么，总是以事件的连续体形式提供给他人，而他人则带着个人情感与情绪对此进行观察。这种连续体与以居伊·德波（Guy Debord）为首的情景主义者试图绘制的"心理地理漂移"（psychogeographical drifting）不无类似，似乎都市主义的终极问题在于"客观地"发现那些有可能产生感觉或情感的地点。[36] 利用数字工具进行地理定位、记录城市环境、检测心理刺激的程度，一些艺术家已经开始在地图映射与某些城市序列中的感官和情感潜力的交汇点创作。尤其是克里斯蒂安·诺尔德（Christian Nold），他绘制了格林威治、旧金山和巴黎东部的"情感地图"，这些皆是居伊·德波风险项目的后继者。[37]

在绝对自上而下的地图和个体层面的地图之间，大量的网站可以提供地图工具供人们使用。法国的"地图分词"（Carticipe）平台便是这一类别的例子，该平台让居民能够在线提出城市改善建议，最初于2013年在法国西部的拉瓦尔试用，后来在斯特拉斯堡及马赛投入使用。[38] 大量类似的程序在世界范围内运行，它们收集市民的想法或意见。

因此，城市的地图映射涵盖从受新控制论启发的城市到其合作伙伴的不同层次。在一系列的案例中，城市的地图映射甚至构成了自上而下与自下而上的汇合点。对当地生活而言，其作用之一便是，通过使城市的结构更可读来促进市政府与市民之间的交流。基于这一观点，以雷恩为例的法国西部，诸多城市启动了以三维方式表现其城市领地的项目。[39] 然而，我们仍需要意识到这种易读性多少有些做作。它依赖于数字地图映射的能力，汇集越来越多不同类型的数据。而数据的异质性则通过被集成到交互视图来抵消。就如同达索系统（Dassault Systèmes）的"3D体验城市"（3DEXPERIENCity）平台宣传册中所描述的那样，普通公众并不总

"斯特拉斯堡2028"网站截图，2015年

基于"地图分词"平台，"斯特拉斯堡2028"让居民可以在地图上张贴建议来改善他们的城市。深蓝色的点代表交通改善，淡蓝色的点代表公共空间改善，红色的点代表建筑，紫色的点代表体育和文化，最后橙色的点代表经济、商业和旅游。

是能对多层信息的复杂性完全理解，而正是这些信息使得街道、广场、基础设施和公园可视化，以便"对明天的城市联合、模拟并预测"。[40]

除了集成各式各样的数据，地图还作为一个接口，确保物理世界与数字世界相一致。出于同样的作用，地图在增强现实的发展中亦起着决定性作用。由于城市与增强现实越发紧密相关，地图有时甚至会与其所指涉的城市有机体相混淆。对这种混淆还有另一种描述，指出尽管数字内容起初让我们从城市地形中解放出来，但为了让我们能够在过多的电子领域中明确自身方位，后者也越发频繁地为其提供基础。地图为城市代言；城市为地图服务。城市和地图千里相会，激起了世界各地无数研发项目。例如，法国的竞争力集群项目"数字角"（Cap Digital）就包含着数字地形（Terra Numerica）集群，该集群旨在结合城市的实体与三维建模的数字内容。[41] 这种结合解释了为何研究未来城市地图映射的作者们偏爱引用"论科学的严谨性"（De rigor en la ciencia）（1946），或参考《西尔维和布鲁诺》（Sylvie and Bruno Concluded）（1893）中一段鲜为人知的文字。前者为豪尔赫·路易斯·博尔赫斯（Jorge Luis Borges）的著名短文，以一个17世纪虚构的人物笔名写作，想象出一幅帝国地图，"其大小与帝国本身相同，其坐标与帝国本身吻合"；后者来自刘易斯·卡罗尔（Lewis Carroll），该段文字中，国家本身即被用作"自己的地图"。[42] 城市与地图（地图，广义理解还包括二维可视化与监控）二者之间的桥梁已如此之多，以至于极易混合。

依照身体与精神表征之间的关系来对城市与地图进行解释，或许更接近现实，而这种精神表征本身也被葡萄牙裔美国神经病学家安东尼奥·达马西奥（Antonio Damasio）称为"地图"。达马西奥指出，由大脑生成的地图与多数传统地图不同的是，前者与大脑绘制的身体本身不可分割。最重要的是大脑绘制的地图有能力对身体产生永久影响。[43] 城市和数字地图之间的不可分割很可能也属于同一类型。没有城市便没有地图，同时新的城市地图又有着改变城市的能力，而这种改变通常实时发生。

在这个绝妙的类比背后，城市新的地图映射也可以多种方式解释。首先，它可被理解为一种基础设施，就像全球定位系统的技术一样，越发常见地构成大规模技术系统的基础规则。再者，它似乎也是一种工具，可以促进事业，分享信息、感受甚至情绪。作为经验存储库的地图叠加于作为基础设施的地图；作为某种形式自由表达的地图对立于作为控制工具的地图。

事到如今，我们不得不问，数字时代的地图映射是否仍需要被理解为现实的外部表现？或者，它是否又成为一个导航装置，能够在复杂的环境中对轨迹进行定义和跟踪？科技与人文不可分割，物理与电子密不可分，这就是城市。2010年，瓦莱丽·诺万本（Valérie November）、爱德华多·卡马乔-霍夫纳（Eduardo Camacho-Hübner）及布鲁诺·拉图尔在一篇颇具挑衅的文章中提出这一立场，该文章对地图表述行为的维度进行强调。[44] 而这种表述行为的性质顺理成章地指向一种演变，一种导致城市内部发生了什么，城市变得越发混乱的演变。

即使地图表述行为维度增强不可否认，地图仍旧参考着我们对现实的想象。依此看来，地图仍可代表现实本身。这一点类似于大脑对外部环境的描述，将外部数据与解释及意图混为一谈，而用达马西奥的话来说，外部环境则构成了一种不同于我们对身体绘制的地图。地图绝不以纯粹的表示形式出现，即便在某种意义上只是对其想要描述的元素部分重建。**45**

地图对现实具有想象的功能，如果在现阶段保留这种功能很重要，那就是由于其为地图的基本能力之一，并且这种功能还对当代城市生活的叙事构成有着积极的意义。尽管城市规划常常取代这些有关当代城市生活的叙事，但不影响二者对地图映射有同样深的依赖，这似乎是一种保证，保证二者的严肃性，最重要的是保证二者皆可自我实现。例如，《实时罗马》中呈现了这样一个城市：监管能从一般常规任务转向针对个体行为并无缝切换，就像线上零售商"亚马逊"管理其客户那样。再比如"开放街道地图"项目中的基础地图：宣布一种基于大规模协作的城市生活出现。

地图不同于规划图。后者几乎已耗尽预测能力，但前者仍充满诸多可能性。在人类与大型技术设备的连接处，在集团企业与个人企业之间的结合处，地图产生并允许被解读。地图，在赛博格城市生活的出现上，在参与式社区的建设上，在数字时代不只个体还有城市本身分散聚集循环往复的脉动上，起着核心作用。在这些不同的过程中，地图的生产与使用可以被理解为一道曙光，照亮利益相关者的意识，使其得以看清自身方法所面临的挑战。叙事维度在这样的意识觉醒中起着重要作用。地图向创造它的人讲述城市的故事，讲述的过程又为其增添了自我反思的维度。通过所有为其发展作出贡献的人，智慧城市获得某种自我意识的媒介，即地图映射。地图，让城市的空间化智能向自己展示自身。

还有理解地图作用的另一种方式——诉诸单子模型（monadical model），在这个模型中，城市的每个利益相关者都包含了从某种角度理解的整个城市。单子模型于过去几年广受数字理论家的欢迎，其灵感来自于18世纪早期莱布尼茨发展的单子论（Monadology），以及吉尔·德勒兹于1988年出版的《折叠：莱布尼茨与巴洛克》（*The Fold: Leibniz and the Baroque*）（法语首版）中对单子论给出的解释。[46] 针对个体如何表现出与物理及电子环境的不可分割而又彼此不同，二位作者提供了一个上乘方案。如果采用单子模型的框架，地图映射将成为不同观点及观点之间共存所带来的动态表达。城市的智能也可被想象为是这些观点造就的结果。

这种推测的背后，地图使一系列至关重要的问题变得具体。地图，允许群体聚集在一起。伴随着传统规划在一定程度上的失宠（这一点我们已经提过），现如今城市政治越发频繁地利用地图和叙事（首选媒介之一）来决定。尤其是地图参与了对所有人可见事物的建构，这无疑是一个极为政治化的过程。某些个体被赋予特别的权力：有权力决定何种数据以何种方式向他人展示。不是所有人都有权看到所有一切。存在着一些高度敏感的地图，比如直接影响房价的英美犯罪地图，以及许多欧洲政府难以沟通的噪声和污染的地图。[47]

在这个问题上，很难不让人想起在前言中提到过的雅克·朗西埃，其对政治与美学间的"可感性分配"有着精辟的分析，也就是说，使事物可见的方式既揭示了共同事物的存在，又揭示了明确要求个体在整个社会和政治结构中地位及特权的细分。[48] 在这个更广泛的意义上，地图显示了政治与美学之间的不可分割性。[49]

- **新的美学**

如前文，地图映射给了我们一个实用的提醒——美学要素在智慧城市崛起过程中的重要性。从这个角度看，上述城市结构的变形与电力时代所带来的变形并无二致。的确，电力创造了有利的条件，全新的美学感受性得以出现在新的氛围和节奏中。类似的现象也在当下发生。因为美学需求的突出，我们能够对艺术家、设计师、建筑师或小说家和编剧在探索智慧城市过程中扮演的角色有更好的理解。例如，许多艺术家的作品中都存在的制图维度以及数字建筑中典型的装饰冲动，诸种不同的现象都允许被联系在一起。

这种联系基于技术和效果的传播，比如像素化或图案的使用。像素化，"新美学"的标志之一，浸透着数字文化，英国艺术家兼作家詹姆斯·布莱德尔（James Bridle）更是将自己视为数字文化的传播使者。[50] 不过，与其将这一术语限定于艺术或设计领域，不如将其作为新的城市情感特征表现在不同层面上——从街道家具到街道咖啡馆的氛围，从艺术家对城市地图自由的重新诠释到建筑物的内部装饰，一切都开始有趣起来。除了对像素或无限重复图案的痴迷引用，新的美学还受到一系列其他技术效果的滋养。似乎是为了表达增强现实中令人不安的诗学观（poetics），叠加层次或透明效果变成一种倾向，重叠的内容能够被阅读。当然，Photoshop（美国Adobe公司著名图像处理软件）即这种引用的常客。新的美学总是展现尺度的模糊或连续放大缩小可能性带来的眩晕，以1977年的纪录片《十的力量》（Powers of Ten）为例，美国设计师查尔斯·埃姆斯（Charles Eames）与雷·埃姆斯（Ray Eames）在片中对这种可能性充分利用，而在"谷歌地图"等应用程序中，这种可能性也已司空见惯。新的美学因不同类型的感官印象混合而蓬勃发展。视觉、触觉或味觉，与从建筑、烹饪艺术到时尚的各个领域结成不可思议的联盟。尤其是视觉和触觉，二者的交融构成了当代建筑装饰的基本动机之一。

最终，新的美学联系起了数字时代个体的基本脉动——分散、聚集，循环往复。我们已经看到了，通过体现这种交替节奏，增强现实与地理定位成功地揭示了两者的互补性。当代城市美学的制图维度与装饰维度同样与之相关。装饰物与地图，既与当代主体与周遭世界之间众多的联系或连续体有关，也与同一主题通过对局部存在的确认或因体验快乐的独特能力而有意脱离连续体的可能性有关。

## • 数字时代的公共生活实验室

我们所处的时代见证了两类领域的出现，而这两类领域的定义在成熟状态的信息社会中会更为清晰。第一个领域是高等教育。随着在线学习的发展，有关物理空间有可能保留在集体体验及意义建构中的重要性，变成了一个特别明确的问题。除过学习本身，大学的使命之一是发展共享的参考及意义。过去，学生与教授在讲堂或教室里的接触为这种发展过程作出了巨大贡献。现在，在大规模在线开放课程的时代，情况又会如何？[51] 大学空间的重要性在下降，有了在线学习我们还需要大型讲堂吗？其他例如图书馆和学生宿舍的作用也正在转变，且转变甚至还有所强化。高等教育的新格局正在形成，象征着数字时代社会的某些关键问题。

第二个领域是城市本身成为实验室。与高等教育背景类似，待解决的问题则是如何在社会领域增强集体的体验与意义，使那些沉迷电脑或手机的个体获得更多的重视。相比于城市领域，该问题与政治层面的关系更为明确。民选官员为此小心谨慎，为了应对挑战，负责制定适合战略的工作组、任务组、街道办或委员会在各地涌现。而战略类型也相当广泛，比如，新加坡坚决采取技术手段；巴黎更注重市民参与；伦敦或维也纳至少在纸面上显得雄心勃勃；阿克拉和瓦尔帕莱索则对城市采取更多的限制。然而，事后再看这些战略都有一个共同点：城市的运作不发生根本性改变，只通过大规模注入数字技术而得到改善。很可能，这就是数字时代开端最主要的错觉。

这是一种错觉，想象信息和通信技术兴起之前的公共生活环境以及政治代表或决策机制可以在现时代保留，与其说这是现实情况，不如说这是一厢情愿。在集体讨论或辩论转向网络领域的同时，集体实践也发生了不可忽视的变化。如前一章所述，人们很少在网上表决，组织良好的意见团体所获得的影响力，远远超出了其真正代表的人群。赢得大规模在线辩论，往往归结于像病毒传播一样的压力施加，而非在明确界定的范围内寻求多数人的认可。[52] 这种扭曲当然在传统的民主进程中就已经存在，但与有血有肉的人相比，网络上电子化身的部分自主性对这种扭曲有放大作用。除此之外，对话还可能引入非人类参与者，从数字基础设施到旨在调节人类协作企业的计划，这些非人类参与者很快将被赋予不同程度和不同领域的智能。算法将越来越多地对事物的发展持有发言权，我们需要学会在与算法为伴的过程中深思熟虑。如果仅仅因为我们的肉身在广泛的可能性范围内给予我们竞争优势，即使人工智能未必如斯蒂芬·霍金所担心的那样威胁到人类物种的生存（见第2章），其存在本身就将改变政治的性质。出现在公众辩论中的戏剧性问题还有动物权益，比如法国最近通过了一项法律，承认动物"有生命、有感情"，应当被同等对待。这可能代表了一种无意识，让我们为飞跃未知做好准备，就好像在欢迎其他物种来到谈判桌之前，人类便承认了它们的权利，也许随之而来的是智能算法。

地图映射可以为集体决策提供一个不同的模型。与他人一起创建地图，参考并使用地图以找到我们周围的路，始终与我们之外的他者相关——所有这些看似平庸的行为都对城市的实时组织起着帮助作用。这些行为可以与一种新型公共空间中的立场相对照，这种公共空间既是物理的也是数字的，其新方案并非来自人类的孤军奋战，但人类仍保留着定义、指导新方案价值观的特权。没有共同的价值观就没有集体智慧，也就没了道德准则规定什么可取，什么不可取。智慧城市，不仅是数字时代公共生活的实验室，也注定要成为新的集体道德的熔炉。

# 参考资料

1 例如参见Antonio Damasio, *Self Comes to Mind: Constructing the Conscious Brain*, Pantheon Books (New York), 2010.

2 Andy Crabtree and Tom Rodden, 'Hybrid Ecologies: Understanding Cooperative Interaction in Emerging Physical-Digital Environments', *Personal and Ubiquitous Computing*, vol 12, no 7, 2008, pp 481–93. 有关数字增强的更一般概念，见 Jean Daniélou and François Ménard, *L'Art d'augmenter les villes (pour) une enquête sur la ville intelligente*, Plan Urbanisme Construction Architecture (Paris), 2013.

3 'Urbanflow Helsinki', http://helsinki.urbanflow.io/ (2015年2月10日查阅); 'LinkNYC', http://www.link.nyc/ (2015年2月10日查阅).

4 'Cluny numérique', http://cluny-numerique.fr/index.php (2015年2月10日查阅).

5 Nicolas Nova, *Les Médias géolocalisés: Comprendre les nouveaux médias numériques*, FYP éditions (Limoges), 2009; Eric Gordon and Adriana de Souza e Silva, *Net Locality: Why Location Matters in a Networked World*, Wiley-Blackwell (Chichester), 2011.

6 'Laura Kurgan: You Are Here', http://www.macba.cat/en/exhibition-laura-kurgan/1/exhibition-archive/expo (2015年2月16日查阅).

7 'The Drawing of my Life', http://www.planbperformance.net/index.php?id=danmapping (2015年2月16日查阅).

8 Gilles Deleuze, *The Fold: Leibniz and the Baroque* [*Le Pli: Leibniz et le baroque*, 1988], English translation, University of Minnesota Press (Minneapolis), 1993.

9 William J Mitchell, *City of Bits: Space, Place, and the Infobahn*, MIT Press (Cambridge, Massachusetts), 1995.

10 例如参见Joel Kotkin, *The New Geography: How the Digital Revolution is Reshaping the American Landscape* [2000], new edition, Random House (New York), 2001.

11 Serge Wachter, *La Ville interactive: L'Architecture et l'urbanisme au risque du numérique et de l'écologie*, L'Harmattan (Paris), 2010.

12 这些新的建筑几何体，见Antoine Picon, *Digital Culture in Architecture: An Introduction for the Design Professions*, Birkhäuser (Basel), 2010.

13 http://sol-logic.com/etree/ (2015年2月16日查阅).

14 http://www.22barcelona.com/ (2015年2月17日查阅); http://www.songdo.com/ (2015年2月17日查阅); http://www.songdo.com/songdo-international-business-district/why-songdo/a-brand-new-city.aspx (2015年2月17日查阅).

15 Antoine Picon, *Claude Perrault 1613–1688 ou la curiosité d'un classique*, Picard (Paris), 1988.

16 关于巨构运动，见Reyner Banham, *Megastructure: Urban Futures of the Recent Past*, Thames & Hudson (London), 1976. 关于新都市主义，见Tigran Haas, *New Urbanism and Beyond: Designing Cities for the Future*, Rizzoli (New York), 2008.

17 关于今天堆叠的架构相关性，见 Preston Scott Cohen, 'Successive Architecture', *Log*, no 32, 2014, pp 153–63.

18 Eva Herrmann, '666 Meters, 888 Meters or rather 1,111 Meters?', *Mapolis*, 4 June 2011, http://architecture.mapolismagazin.com/jds-architects-shenzhen-logistics-center-shenzhen (2015年2月8日查阅); Paolo Soleri, *Arcology: The City in the Image of Man*, MIT Press (Cambridge, Massachusetts), 1969.

19 Dominique Lorrain, 'Les Industriels japonais de l'environnement', *Flux*, no 50, October–December 2002, pp 80–90.

20 参见此类型的项目: Mohsen Mostafavi and Gareth Doherty (eds), *Ecological Urbanism*, Harvard Graduate School of Design (Cambridge, Massachusetts) and Lars Müller (Baden, Switzerland), 2010.

21 Olivier Coutard, 'Services urbains: La Fin des grands réseaux?', in Olivier Coutard and Jean-Pierre Lévy (eds), *Ecologies urbaines*, Economica (Paris), 2010, pp 102–29.

22 http://www.bridj.com/ (2015年2月9日查阅); 关于这一内容，另见Katharine Q Seelye, 'To Lure Bostonians, New "Pop-Up" Bus Service Learns Riders' Rhythms', *New York Times*, 4 June 2014, http://www.nytimes.com/2014/06/05/us/to-lure-bostonians-new-pop-up-bus-service-learns-riders-rhythms.html (2015年2月9日查阅).

23 Stephen Graham and Simon Marvin, *Splinter-

ing Urbanism: Networked Infrastructures, Technological Mobilities and the Urban Condition*, Routledge (London and New York), 2001.

24 Khaldoun Zreik (ed) *Nouvelles cartographies, nouvelles villes: HyperUrbain.2*, Europia (Paris), 2010; *Les Cahiers de l'Institut d'aménagement et d'urbanisme*, no 166, October 2013.

25 关于这种转变,见Jean-François Coulais, *Images virtuelles et horizons du regard: Visibilités calculées dans l'histoire des représentations*, MetisPresses (Geneva), 2014.

26 'Websites using Google Maps', http://trends.builtwith.com/websitelist/Google-Maps (2015年2月17日查阅).

27 Patrice Flichy, *Le Sacre de l'amateur: Sociologie des passions ordinaires à l'ère numérique*, Le Seuil (Paris), 2010.

28 Bruno Latour and Émilie Hermant, *Paris ville invisible*, Les Empêcheurs de Penser en Rond and La Découverte (Paris), 1998.

29 'Real Time Rome', http://senseable.mit.edu/realtimerome/ (2015年2月17日查阅).

30 'New York Talk Exchange', http://senseable.mit.edu/nyte/ (2015年2月17日查阅). Francisca M Rojas, Clelia Caldesi Valeri, Kristian Kloeckl and Carlo Ratti (eds), *NYTE: New York Talk Exchange*, SA+P Press (Cambridge, Massachusetts), 2008.

31 有趣的是,诸如巴黎的音乐盛宴和2008年在马德里举行的欧洲足球锦标赛等事件也成为城市暴走族关注的焦点。'Urban Mobs', http://www.urban-mobs.fr/en/ (2015年2月17日查阅).

32 http://www.cityzenith.com/ (2015年2月17日查阅).

33 http://www.synthicity.com/ (2015年2月17日查阅).

34 http://www.appliedautonomy.com/isee.html (2015年2月17日查阅).

35 'Architecture and Justice, Million Dollar Blocks', http://spatialinformationdesignlab.org/projects/million-dollar-blocks (2015年2月17日查阅).

36 Simon Sadler, *The Situationist City*, MIT Press (Cambridge, Massachusetts), 1998; Antoine Picon and Jean-Paul Robert, *Un Atlas parisien: Le dessus des cartes*, Editions du Pavillon de l'Arsenal, Picard (Paris), 1999.

37 http://www.christiannold.com/ (2015年2月17日查阅). 另见2003年由巴黎东京宫组织的展览目录: *GNS, Global Navigation System*, Editions Cercle d'Art (Paris), 2003.

38 'Carticipe! Outil participatif territorial', http://carticipe.net/ (2015年2月17日查阅).

39 'RM3D', http://www.metropole3d.rennes.fr/ (2015年2月17日查阅).

40 'Fédérer, simuler et prédire la ville de demain': Dassault Systèmes, *La Plateforme 3DEXPERIENCity*, commercial brochure (2013).

41 'Terra Numerica: La Numérisation du patrimoine urbain', http://competitivite.gouv.fr/projets-en-fin-de-conventionnement-fui/fiche-projet-abouti-576/terra-numerica-2.html?cHash=4908e59c58f5e66e6ea44d6fab34870e (2015年2月17日查阅).

42 例如 Gilles Palsky, 'Borges, Carroll et la carte

au 1/1', *Cybergeo: European Journal of Geography*, September 1999, http://cybergeo.revues.org/5233 (2015年2月17日查阅).

**43** Damasio 2010.

**44** Valérie November, Eduardo Camacho-Hübner and Bruno Latour, 'Entering a Risky Territory: Space in the Age of Digital Navigation', *Environment and Planning D: Society and Space*, vol 28, no 4, 2010, pp 581–99.

**45** Denis Cosgrove, *Mappings*, Reaktion Books (London), 1999.

**46** Gottfried Wilhelm Freiherr von Leibniz, *Discourse on Metaphysics*; and, *The Monadology* [*Discours de métaphysique*, 1686 and *La Monadologie*, 1714], English translation, Prometheus Books (Buffalo, New York), 1992; Deleuze [1988] 1993; 另见 Picon 2013.

**47** 关于噪声地图, 见 Olivier Balaÿ, 'Cartes à l'écoute de la ville: Prolégomènes pour le renouvellement des cartographies acoustiques de la ville européenne', in Khaldoun Zreik (ed) 2013, pp 81–92.

**48** Jacques Rancière, *The Politics of Aesthetics* [*Le Partage du sensible: Esthétique et politique*, 2000], translated by Gabriel Rockhill, Continuum (London and New York), 2004, p 12.

**49** 关于这个问题, 见 Laura Kurgan, *Close Up at a Distance: Mapping, Technology, and Politics*, Zone Books (New York), 2013.

**50** James Bridle, 'The New Aesthetic: Waving at the Machines', 5 December 2011, http://booktwo.org/notebook/waving-at-machines/ (2015年2月17日查阅). 另见 Bruce Sterling, 'An Essay on the New Aesthetic', *Wired*, 2 April 2012, http://www.wired.com/2012/04/an-essay-on-the-new-aesthetic/ (2015年2月17日查阅).

**51** 在线开放课程 (MOOCs) 的惊人发展, 见 Paul Kim (ed), *Massive Open Online Courses: The MOOC Revolution*, Routledge (New York), 2014.

**52** Dominique Cardon, *La Démocratie Internet: Promesses et limites*, Le Seuil (Paris), 2010.

# 结论

# 智能的挑战

　　智慧城市，是一种理想，是一个过程，正如我们所见那般仍旧充满不确定性，而正是这双重方面使其能够摆脱纯粹城市乌托邦的语言或文字。智慧城市，面临着一定的挑战，这些挑战来自技术、环境、社会或文化，在本书的结论部分，让我们来讨论一下这些挑战。但是，也不是说挑战就代表着不可逾越的障碍或无法跨越的渐近极限。相反，挑战可被视为丰富当前方法的刺激。尤其，一些东西需要被留在过去，这些东西正是那些过分简化的表现形式，来自智慧城市涉及的诸种利益相关者。仅靠一两种智慧城市的模式，无法满足所有人。尽管我们与那些受新控制论启发的管理或参与逻辑仍存在正面冲突，但这种冲突不该导致对可能性范围的限制。为了揭示替代方案的存在，可能性范围应该被扩大，而与此同时，还应该考虑当地的情况，以及领导者和普通大众为自身设置的目标。

- **全数字解决方案的局限性**

正如所有积极的解释一样，对智慧城市的解读亦对一系列令人不安的现实有所忽略，首先是一组矛盾——密集使用的信息和通信技术与可持续发展需求之间出现的紧张关系。数字技术，真的如其拥护者所坚称的那样"绿色"吗？注意，数字技术并非虚无缥缈，智慧城市的服务器、电缆、天线以及难以计量的百万芯片或传感器皆是其物质的存在，这一切对环境造成了严重影响。[1] 不只是服务器会发热，电缆、电路板或废弃屏幕也必须回收，而回收又带来了与之相关的敏感问题：回收往往被转包给发展中国家，而这些国家几乎不考虑从事回收者的健康情况。信息与通信行业已经消耗了全球近10%的供电，比整个航空运输业所耗能源还要多出50%。[2] 2011年，全球产生的电子垃圾总量约4150万吨，2019年则极有可能达到为5360万吨，预计2030年增加至7400万吨。

**欧洲核子研究中心（CERN），日内瓦附近，2017年**

与"云"之类的表达相反，数字资源拥有强大的物质的一面。欧洲核子研究中心是欧洲最大的研究机构，也是万维网被发明的地方。

**在阿博布罗西工作的加纳人，加纳，2011年3月23日**

阿博布罗西是阿克拉的一个郊区，是废弃电子产品的终结地之一。废物处理包括对健康有害的做法，如焚烧。

上述统计数据尽管没有对智慧城市的理想提出质疑，但它们的存在确实表明，在利用智慧城市所依赖的技术方面，我们需要更强大的洞察力。数字技术，既有经济成本，也有环境成本。如此看来，对数字技术的使用，需要根据其所服务城市地区的特点进行相应调整。简而言之，资本与人口的密度越大（比如大城市的中心地带），对信息与通信技术的投资就越合理，即使这种做法有加剧市中心与市郊之间不平衡的风险（我们后面会回到这个话题）。智慧城市需要特定的经济，这一点至关重要。

而这种特定的经济还需要结合集体与个人的道德准则。为了对某种行为进行约束，道德准则会对相应行业内主要利益相关者有所约束，抵制其消费越来越多数字资源和设备的诱惑。记住，即便在街道上无人问津的小角落，只要掏出手机开始谷歌搜索，就会对能源有所消耗。除了一些更广泛的（比如人类与智能机器之间的）关系问题，智慧城市的道德应该从小举措（比如更理智地使用智能手机）开始。

除了环境方面的挑战，还有其他缺陷威胁着智慧城市的可行性。尽管越来越多的监控摄像头监视着居民和游客的行踪和活动，但智慧城市仍易受到蓄意破坏或恐怖主义袭击，从而使其基础设施的运作被打断。不但有物理空间的威胁，还有网络方面的攻击。由原子与数据位组成的城市，有时要比用砖块、石头与混凝土建造的城市更为脆弱。

但是别忘了，每一种新型技术都有其特定形式的脆弱性。就目前而言，城市最薄弱环节仍是电力。所以，如此多未来主义的小说将世界末日或野蛮回归的前兆描绘为电力耗尽，这绝非偶然。在一个城市中生活，就意味着要接受其弱点，同时又要不断思考如何减轻其所受到的灾难性的影响。若是涉及数字技术，明智的做法是在重大故障（无论是意外或犯罪导致）发生时，建立绕过重要基础设施的自动化管理方法。比如，电动汽车的车窗会在电力系统发生故障时无法打开，或者电梯在断电时会卡住或困住使用者。在信息与通信技术的冲击下，这类问题就需要尽可能避免发生。这一切，就是城市智能必须付出的代价。

## • 场景多样化的必要性

除了上述威胁，其他挑战来自大多数利益相关者对知识经济的强调，以及更传统的制造业活动带来的损害。这也是为什么一些城市地区在许多话语中会成为象征性角色，比如硅谷或马萨诸塞州波士顿周边地区，因为这些地区的大学或高科技企业需要受过高等教育的人占据主导地位。工业城镇有时并不被要求变得智能化，特别是当它们位于发展中国家，尤其是那些个人权利仍广受侵犯的发展中国家时。此外，作为智慧城市基础的城市管理技术能否应用于后工业衰退的情况？就比如底特律，虽然备受瞩目，但是极少出现在与智慧城市假设相关的例子中。

如上文所述，在为城市不同区域（例如市中心和郊区）配备信息与通信技术时，需要引入各种梯度。这是不是意味着郊区的智能程度要低于市中心？那么农村呢？在现代媒体（主要是广播和电视）的影响下，城镇与乡村之间的分裂越发受到质疑，智慧城市是否会再一次造成这种分裂？

不过在更一般的层面上，大众可能会好奇有关政治或社会理想的问题，而这些疑问无论含蓄与否，都是多数智慧城市倡导者想解答的。在《分裂的城市主义》（Splintering Urbanism）中，斯蒂芬·格雷厄姆（Stephen Graham）与西蒙·马文（Simon Marvin）认为，是数字技术导致了一系列日益严重的断裂，而这些断裂存在于区域——通过高速通信隧道与全球经济联系在一起的超级街区与被忽视的城市区域之间；存在于人群——全球经济的利益相关者与被委以卑微任务的居民之间。[3] 格雷厄姆和马文声称，那个城市的网状系统服务于社会整合的时代已经过去，取而代之的是一个技术无法对最明显差异抑制的时代。祸不单行，技术甚至加剧了这些差异性。

**麻省理工学院校园，马萨诸塞州，剑桥**

尽管"知识经济"颇具吸引力，但以硅谷或马萨诸塞州剑桥等地为代表的"知识经济"，不可能是想象智能城市发展的唯一模式。

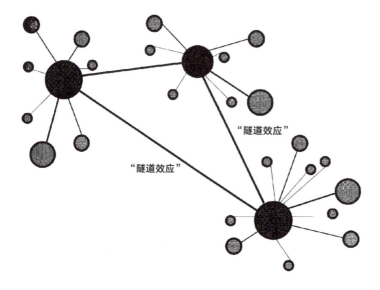

弗朗索瓦·阿谢尔（François Ascher）的"相隔遥远的高度发达城区之间的'隧道效应'"，载于斯蒂芬·格雷厄姆和西蒙·马文合编的《分裂的城市主义》，劳特利奇出版社（纽约和伦敦），2001年

通过通信基础设施，例如伦敦金融城和纽约华尔街这样相隔遥远的城市地区，彼此之间的距离可能比这些地区与其周边地区的距离更近。这种"隧道效应"对传统的城市治理模式提出了挑战。

事实上，这两位作者忘了，那些支撑工业时代迎来网状系统城市的政治项目，本就没有任何平等可言。拿破仑三世（Napoleon III）或奥斯曼男爵（Baron Haussmann）统治时期的巴黎，非但没有寻求消除社会差异，反而将中产阶级地区和工人阶级郊区纳入一个单一的网状结构，使得他们可以忍受社会的差异——只因这个单一的网络结合了水、卫生系统、道路、游乐花园或公园（比如柏特休蒙公园）。[4] 互联网只是利用了消除社会差异共栖的理想，却没有减少任何固有的不平等。出于同样的原因，对智慧城市的叙事并不比工业时代主导建设大型城市网状系统的叙事更为仁慈。

再者，这个问题更多地与缺乏对城市功能多样性的考虑有关，同时，又不能简单地将其归结为智能的问题。从理查德·佛罗里达到爱德华·格雷泽，作家们可以说过多地强调了"创意阶层"的重要性，尽管他们代表了智慧城市的大脑，却无法发挥类似传统服务业或工业坚实的肌肉作用。[5] 不可能只有一两种情况就可以为我们带来智慧城市，仅仅一两种智慧城市的模式，也无法满足所有人。即便只是因为各国的实际情况大不相同，多样化在这一点上显然也是必要的。

虽然印度发展智能城市的决定值得称赞，但仍有理由质疑其战略对西方、中东、中国或韩国模式的模仿，甚至像新德里或孟买等大都市的贫民窟，也没有对那些惯常使用智能手机的城市人口的创造力更多地利用。[6] 胡拉尔·麦罗特拉（Rahul Mehrotra）的术语——"短期投机资本"（impatient capital），导致了玻璃办公大楼或会议中心于全球范围内的激增，不过作为"短期投机资本"的一种表达，印度的项目则定能受益于城市中已经存在的丰富数字实践。[7]

在欧洲，通往智慧城市的道路必然不同，从公共卫生到公共交通，那里的城市有着丰富的传统基础设施遗产，相比之下，发展中国家的城市往往缺乏这些。不过，后者设施的不足往往也能被居民的足智多谋抵消：他们通过创造性地结合技术与设备、手推车与多媒体音响系统、损坏的机器人与交互式屏幕，设法应付和修补。[8] 毫无疑问，发展中国家的城市需要逐步提升这些设施，不过除了利用大量增加的传感器来对基础设施的功能更好地控制外，我们也能想象其他建设智慧城市的方式。再一次，这些场景需要远远超出IBM或思科等公司的提议，需要多样化，正如19世纪和20世纪工业时代的网状系统城市在欧洲、美国或日本就有非常不同的形式。

## • 公共/私人

美国小说家戴夫·艾格斯（Dave Eggers）在其作品《圆环》（*The Circle*）中想象了一个基于谷歌和脸书的企业，一系列口号在那里流传："所发生的一切必须公开""秘密即谎言""隐私即盗窃"。[9] 这几句口号已经完美地总结了数字美好新世界拥护者提出的那些政治与社会话语的歧义，在新世界里，没什么能逃过决策者或公众的注意，边沁与福柯的全景敞视主义（panopticism）出现了一个现代版本——现在开始由囚犯自己执行主要部分的监控。因为在一定程度上依赖个体对其私人生活被不断侵入的接受度，智慧城市无法幸免于这种吊诡。[10] 即便伴随互联网成长起来的"数字原住民"能够接受对隐私的入侵，也不代表着这种演变的所有方面都是有益的。[11]

城市区域整体的私有化程度日益提升通常与监管的加强相伴而生，二者携手迈向一个新方向——模糊甚至质疑公共与私人之间的分界线。这是否意味着为了安全、控制与信息共享的需要，我们应当接受一切？而解决的办法很可能就在于新道德准则的出现，这些新准则无疑与过去公共和私人关系的规范天差地别，但是，准则又必须对个体的隐私生活或秘密的基本权利进行充分的规范性的保护——只要这些秘密或隐私既不是"谎言"，也不是"盗窃"。

## • 从事件到历史

尽管面临诸多挑战，智慧城市的崛起仍是一场真正的革命，其意义堪比19世纪主要工业城市的诞生以及网状系统城市的出现，既是城市的理想，又是城市变革的物理过程。虽然，这场新革命对城市形态的影响仍笼罩在不确定性中，但它对城市体验时间结构（temporal structures）的影响已然可被观察。城市的节奏越来越快，越来越多的事件可被实时追踪。

但是，伴随事件扩散的是历史角度的明显缺失，仿佛历史的可能性被无限期搁置，以支持一种永恒的现在（eternal present）或一种如此接近已知的未来，而这样的未来似乎只是当前形势的加剧。环境带来的启示仍是变化唯一值得注意的前景。

数字技术当然在这种印象中起着关键作用。事实上，互联网就是这个没有明确历史指向的事件世界最明显的标志：我们常发现自己被强制参与其中。在这个方面，互联网仍忠于赛博空间的原始隐喻，就像威廉·吉布森在《神经漫游者》中提出的巨型拉斯维加斯大道。[12] 在拉斯维加斯，总有事件发生。从恺撒宫到威尼斯人，从纽约到巴黎，这些巨型酒店气势恢宏，充满了冲突的标志、氛围和色彩，本身就是大事件。但是，除了游客与员工不断在重复着狂热的活动，似乎什么都没有改变，什么都没有产生。脸书和推特与之相似，都是过度的活跃与重复。反过来，这些活跃与重复

**夜晚的拉斯维加斯大道，2012年**

一个象征我们当代城市状况的地方。在大道上，一些事情不断发生，但总体印象是一个持续不断的现在。

也传递至城市，对城市有使其处于永恒青春的渴望，电子交换扮演了再生流体的角色。城市不再回顾历史，不再因此产生干预措施——历史的作用似乎被终结。然而，世界仍在前进，社会与政治的变革赫然出现于一个开悟梦境的地平线上，让人回想起居伊·德波不知疲倦谴责的"景观"。[13] 怎样才能摆脱这种迷人却恶性的循环？智慧城市如何伴随时代成长？最后这项挑战与城市对指导发展模式多样化的需求密切相关。这是一项迫切需要应对的挑战。这就是未来付出的代价，而这未来是一个不同的未来，充满着希望。

# 参考资料

**1** Andrew Blum, *Tubes: A Journey to the Center of the Internet*, HarperCollins (New York), 2012.

**2** Mark P Mills, *The Cloud Begins with Coal: Big Data, Big Networks, Big Infrastructure, and Big Power. An Overview of the Electricity Used by the Global Digital Ecosystem*, research report for the National Mining Association and the American Coalition for Clean Coal Electricity, August 2013, http://www.tech-pundit.com/wp-content/uploads/2013/07/Cloud_Begins_With_Coal.pdf?c761ac (2015年2月19日查阅).

**3** Stephen Graham and Simon Marvin, *Splintering Urbanism: Networked Infrastructures, Technological Mobilities and the Urban Condition*, Routledge (London and New York), 2001.

**4** Antoine Picon, *La Ville des réseaux: Un imaginaire politique*, Editions Manucius (Paris), 2014.

**5** Richard Florida, *The Rise of the Creative Class: And How It's Transforming Work, Leisure, Community, and Everyday Life*, Basic Books (New York), 2002; Edward Glaeser, *Triumph of the City: How Our Greatest Invention Makes Us Richer, Smarter, Greener, Healthier, and Happier*, Penguin Press (New York), 2011.

**6** Uma Vishnu, '34% in Slums Have No Toilet, but 63% Own Mobile Phone in India', *Indian Express*, 22 March 2013, http://archive.indianexpress.com/news/34--in-slums-have-no-toilet-but-63--own-mobile-phone/1091573/ (2015年2月21日查阅).

**7** Rahul Mehrotra, *Architecture in India since 1990*, Pictor Publishing (Mumbai), 2011.

**8** Nicolas Nova, *Futurs? La Panne des imaginaires technologiques*, Les Moutons Electriques (Montélimar), 2014, p 72; Adam Greenfield, 'The Smartest Cities Rely on Citizen Cunning and Unglamorous Technology', *The Guardian*, 22 December 2014, http://www.theguardian.com/cities/2014/dec/22/the-smartest-cities-rely-on-citizen-cunning-and-unglamorous-technology (2015年2月21日查阅).

**9** Dave Eggers, *The Circle*, McSweeney's Books (San Francisco), 2013.

**10** Michel Foucault, *Discipline and Punish: The Birth of the Prison* [*Surveiller et punir: Naissance de la prison*, 1975], English translation, Vintage Books (New York), 1995.

**11** John Palfrey and Urs Gasser, *Born Digital: Understanding the First Generation of Digital Natives*, Basic Books (New York), 2008.

**12** William Gibson, *Neuromancer*, Ace Books (New York), 1984.

**13** Guy Debord, *The Society of the Spectacle* [*La Société du spectacle*, 1967], English translation, Zone Books (New York), 1994.

# 参考文献

Batty, Michael, *The New Science of Cities*, MIT Press (Cambridge, Massachusetts), 2013

Cardon, Dominique, *La Démocratie Internet: Promesses et limites*, Le Seuil (Paris), 2010

Châtelet, Valérie (ed), *Anomalie Digital Arts*, no 6, 'Interactive Cities', HYX (Orléans), February 2007

Coutard, Olivier, 'Services urbains: La Fin des grands réseaux?', in Olivier Coutard and Jean-Pierre Lévy (eds), *Ecologies urbaines*, Economica (Paris), 2010, pp 102–29

Coutard, Olivier, Hanley, Richard and Zimmerman, Rae (eds), *Sustaining Urban Networks: The Social Diffusion of Large Technical Systems*, Routledge (London), 2004

Damasio, Antonio, *Self Comes to Mind: Constructing the Conscious Brain*, Pantheon Books (New York), 2010

Dehaene, Stanislas, *Consciousness and the Brain: Deciphering How the Brain Codes Our Thoughts*, Viking (New York), 2014

Dupuy, Gabriel and Tarr, Joel (eds), Technology and the Rise of the Networked City in Europe and America, Temple University Press (Philadelphia), 1988

Edwards, Paul, *The Closed World: Computers and the Politics of Discourse in Cold War America*, MIT Press (Cambridge, Massachusetts), 1996

Eychenne, Fabien, *La Ville 2.0, complexe ... et familière*, FYP Éditions (Limoges), 2008

Flichy, Patrice, *Le Sacre de l'amateur: Sociologie des passions ordinaires à l'ère numérique*, Le Seuil (Paris), 2010

Florida, Richard, *The Rise of the Creative Class: And How It's Transforming Work, Leisure, Community, and Everyday Life*, Basic Books (New York), 2002

Gandy, Matthew, 'Cyborg Urbanization: Complexity and Monstrosity in the Contemporary City', *International Journal of Urban and Regional Research*, vol 29, no 1, March 2005, pp 26–49

Gershenfeld, Neil A, *Fab: The Coming Revolution on Your Desktop – From Personal Computers to Personal Fabrication*, Basic Books (New York), 2005

Glaeser, Edward, *Triumph of the City: How Our Greatest Invention Makes Us Richer, Smarter, Greener, Healthier, and Happier*, Penguin Press (New York), 2011

Goldstein, Brett and Dyson, Lauren, *Beyond Transparency: Open Data and the Future of Civic Innovation*, Code for America (San Francisco), 2013

Gordon, Eric and de Souza e Silva, Adriana, *Net Locality: Why Location Matters in a Networked World*, Wiley-Blackwell (Chichester), 2011

Graham, Stephen and Marvin, Simon, *Splintering Urbanism: Networked Infrastructures, Technological Mobilities and the Urban Condition*, Routledge (London and New York), 2001

Greenfield, Adam, *Against the Smart City: A Pamphlet*, Verso (New York), 2013

Jasanoff, Sheila (ed), *States of Knowledge: The Co-Production of Science and the Social Order*, Routledge (New York), 2004

Katz, James E and Rice, Ronald E, *Social Consequences of Internet Use: Access, Involvement, and Interaction*, MIT Press (Cambridge, Massachusetts), 2002

Kurgan, Laura, *Close Up at a Distance: Mapping, Technology, and Politics*, Zone Books (New York), 2013

Medina, Eden, *Cybernetic Revolutionaries: Technology and Politics in Allende's*

*Chile*, MIT Press (Cambridge, Massachusetts), 2011

Mitchell, William J, *City of Bits: Space, Place, and the Infobahn*, MIT Press (Cambridge, Massachusetts), 1995

Mitchell, William J, *Me++: The Cyborg Self and the Networked City*, MIT Press (Cambridge, Massachusetts), 2003

Nova, Nicolas, *Les Médias géolocalisés: Comprendre les nouveaux médias numériques*, FYP Éditions (Limoges), 2009

Nova, Nicolas, *Futurs? La Panne des imaginaires technologiques*, Les Moutons Électriques (Montélimar), 2014

November, Valérie, Camacho-Hübner, Eduardo and Latour, Bruno, 'Entering a Risky Territory: Space in the Age of Digital Navigation', *Environment and Planning D: Society and Space*, vol 28, no 4, 2010, pp 581–99

Offenhuber, Dietmar and Ratti, Carlo (eds), *Decoding the City: Urbanism in the Age of Big Data*, Birkhäuser (Basel), 2014

Picon, Antoine, *La Ville territoire des cyborgs*, Les Éditions de l'Imprimeur (Besançon), 1998

Picon, Antoine, *Digital Culture in Architecture: An Introduction for the Design Professions*, Birkhäuser (Basel), 2010

Picon, Antoine, *Ornament: The Politics of Architecture and Subjectivity*, Wiley (Chichester), 2013

Picon, Antoine, *La Ville des réseaux: Un imaginaire politique*, Éditions Manucius (Paris), 2014

Picon, Antoine and Robert, Jean-Paul, *Un Atlas parisien: Le dessus des cartes*, Éditions du Pavillon de l'Arsenal, Picard (Paris), 1999

Rancière, Jacques, *The Politics of Aesthetics* [*Le Partage du sensible: Esthétique et politique*, 2000], translated by Gabriel Rockhill, Continuum (London and New York), 2004

Rheingold, Howard, *Smart Mobs: The Next Social Revolution*, Perseus (Cambridge, Massachusetts), 2003

Sadler, Simon, *The Situationist City*, MIT Press (Cambridge, Massachusetts), 1998

Shepard, Mark (ed), *Sentient City: Ubiquitous Computing, Architecture, and the Future of Urban Space*, MIT Press (Cambridge, Massachusetts) and the Architectural League of New York (New York), 2011

Swyngedouw, Erik, 'Circulations and Metabolisms: (Hybrid) Natures and (Cyborg) Cities', *Science as Culture*, vol 15, no 2, June 2006, pp 105–21

Townsend, Anthony M, *Smart Cities: Big Data, Civic Hackers, and the Quest for a New Utopia*, WW Norton & Company (New York and London), 2013

Turkle, Sherry, *Life on the Screen: Identity in the Age of the Internet*, Simon & Schuster (New York), 1995

Virilio, Paul, *Ce qui arrive*, Actes Sud (Arles), 2002 (English version: *Unknown Quantity*, Thames & Hudson (London), 2003)

Wachter, Serge, *La Ville interactive: L'Architecture et l'urbanisme au risque du numérique et de l'écologie*, L'Harmattan (Paris), 2010

Zardini, Mirko (ed), *Sense of the City: An Alternative Approach to Urbanism*, Canadian Centre for Architecture (Montreal) and Lars Müller (Baden), 2005

Zreik, Khaldoun (ed), *Nouvelles cartographies, nouvelles villes: HyperUrbain.2*, Europia (Paris), 2010

# 图片出处说明

Cover image © Alejandro Benét/Unsplash

**文前** Image courtesy of IBM; **p 002** © Logan Armstrong/Unsplash; LoboStudioHamburg/Pixabay; **p 004** © Antonello Marangi/Dreamstime.com; **p 006** © courtesy Wikipedia; **p 008** © HERE, a Nokia company; **p 010** © Eric Fischer, using date from Flickr and Picasa. Base map © OpenStreetMap contributors, CC-BY- SA; **p 011** © T photography/Shutterstock; **pp 018 & 019** Courtesy of Association des amis d'Albert Robida,- www.robida.info; **p 020** © 2015, Foursquare Labs, Inc. All of the Foursquare® logos and trademarks displayed in these screenshots are the property of Foursquare Labs, Inc.; **p 022** © Connected Bits LLC; **p 024** © Umbrellium Limited; **p 026** (t) © Pictorial Press Ltd/Alamy Stock Photo; **p 026** (b) Released in to the Public Domain, courtesy Wikipedia; **p 028** © 2005 mailer_diablo. Creative Commons Attributon-Share Alike 3.0 Unported License: http://creativecommons.org/licenses/by-sa/3.0/deed.en; **p 030** © Pierre-Olivier/Shutterstock; **p 031** © GERARD BOTTINO/Shutterstock; **p 033** © Antoine Picon; **p 034** © Yooran Park/Dreamstime.com; **p 035** © Courtesy of MIT, © Elkus Manfredi Architects; **p 036** © Image courtesy IBM; **p 037** © Jay Forrester; **p 038** © John Wiley & Sons, Inc.; **p 040** © Direction des routes Ile-de-France (DiRIF), www.sytadin.fr.; **p 041** © John Wiley & Sons, Inc.; **p 042** © Obs70/Shutterstock; **p 043** © Jeff Moore/Alamy Stock Photo; **p 044** © Ronald Grant Archive/Alamy Stock Photo; **p 046** © Ubisoft; **p 053** © John Wiley & Sons, Inc.; **p 054** © Fjarabica/Dreamstime.com; **p 055** courtesy Wikipedia; **pp 056 & 058** Courtesy of John Wiley & Sons Ltd; **p 060** © Courtesy of IBM; **p 066** © Varlyte/Dreamstime.com; **p 067** OpenStreetMap. Creative Commons Attribution-ShareAlike 2.0: https://creativecommons.org/licenses/by-sa/2.0/uk/; **p 068** © mySociety and FixMyStreet.com; **p 069** © Courtesy of Waze; **p 072** © Franck Boston/

Shutterstock; **p 073** © 24Novembers/Shutterstock; **p 074** © REUTERS/ Alamy Banque D'Images; **p 076** © Daniel Becerril/Reuters/Corbis; **p 085** © littlenySTOCK/Shutterstock; **p 086** © Daniel Belasco Rogers; **p 089** © John Tlumacki/The Boston Globe via Getty Images; **p 090** © Ms. Li/Shutterstock; **p 091** © JIPEN/Shutterstock; **p 092** © Antoine Picon; **p 093** © Antoine Picon; **p 095** © Tom Chance Creative Commons Attribution 2.0 Generic Licence: http://creativecommons.org/licenses/by/2.0/deed.en; **p 096** courtesy Wikipedia; **p 097** © olrat/Shutterstock; **p 099** © Courtesy of Senseable City Lab, MIT; **p 100** © Courtesy Institute of Applied Autonomy; **p 102** © Repérage Urbain; **p 114** © Dean Mouhtaropoulos/Getty Images; **p 115** © Marlenenapoli. Creative Commons CC0 1.0 Universal Public Domain Dedication: http://creativecommons. org/publicdomain/zero/1.0/deed.en; **p 117** © Songquan Deng/Shutterstock; **p 118** © Elisabeth Ascher; **p 121** © Photo by Lasvegaslover. Creative Commons Attribution 3.0 Unported Licence: http:// creativecommons. org/licenses/by/3.0/deed.en.